ZEICHNEN LERNEN

NAIMA PRESS

DIESES BUCH GEHÖRT

KAWAII

Anleitung zur Verwendung dieses Buches:

Um das Beste aus diesem Buch herauszuholen, befolgen Sie diese Anweisungen:

1. Bereiten Sie Materialien wie Stift, Papier, Buntstifte oder andere zum Zeichnen geeignete Werkzeuge vor. Die Auswahl der Materialien ist von Person zu Person unterschiedlich.

2. Suchen Sie sich einen ruhigen, gut beleuchteten Raum, der Konzentration und Kreativität fördert. Stellen Sie sicher, dass es die Konzentration und Vorstellungskraft fördert.

3. Akzeptieren Sie die Bedeutung einer ruhigen und friedlichen Umgebung für ein optimales Zeichenerlebnis.

4. Lassen Sie Ihrer Fantasie freien Lauf und lassen Sie Ihrer Kreativität während des gesamten Prozesses freien Lauf.

5. Fühlen Sie sich frei, die Zeichnungen mit jedem Element zu ergänzen, das Sie für angemessen halten.

6. Befolgen Sie zunächst sorgfältig die Schritte und fügen Sie die fehlende Zeichnung rechts wie angewiesen hinzu.

7. Sobald alle Schritte abgeschlossen sind, fahren Sie mit dem Ausmalen der endgültigen Zeichnung fort.

8. Gehen Sie zur gegenüberliegenden Seite, die als Trainingsseite bezeichnet wird.

9. Üben Sie, die Figur von Anfang an neu zu zeichnen und nutzen Sie den dafür vorgesehenen Platz, um ihr einen Namen zu geben, der eine persönliche Bedeutung hat.

10. Erstellen Sie Namen, die Sie ansprechen und Ihren Kreationen eine zusätzliche Bedeutungsebene verleihen.

Lasst die künstlerische Reise beginnen!

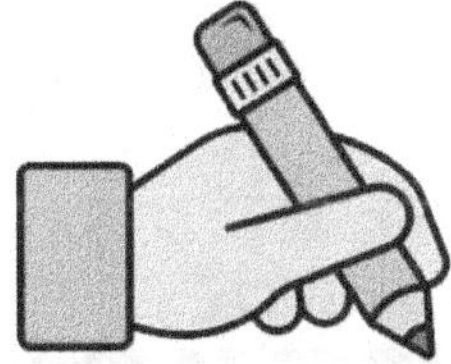

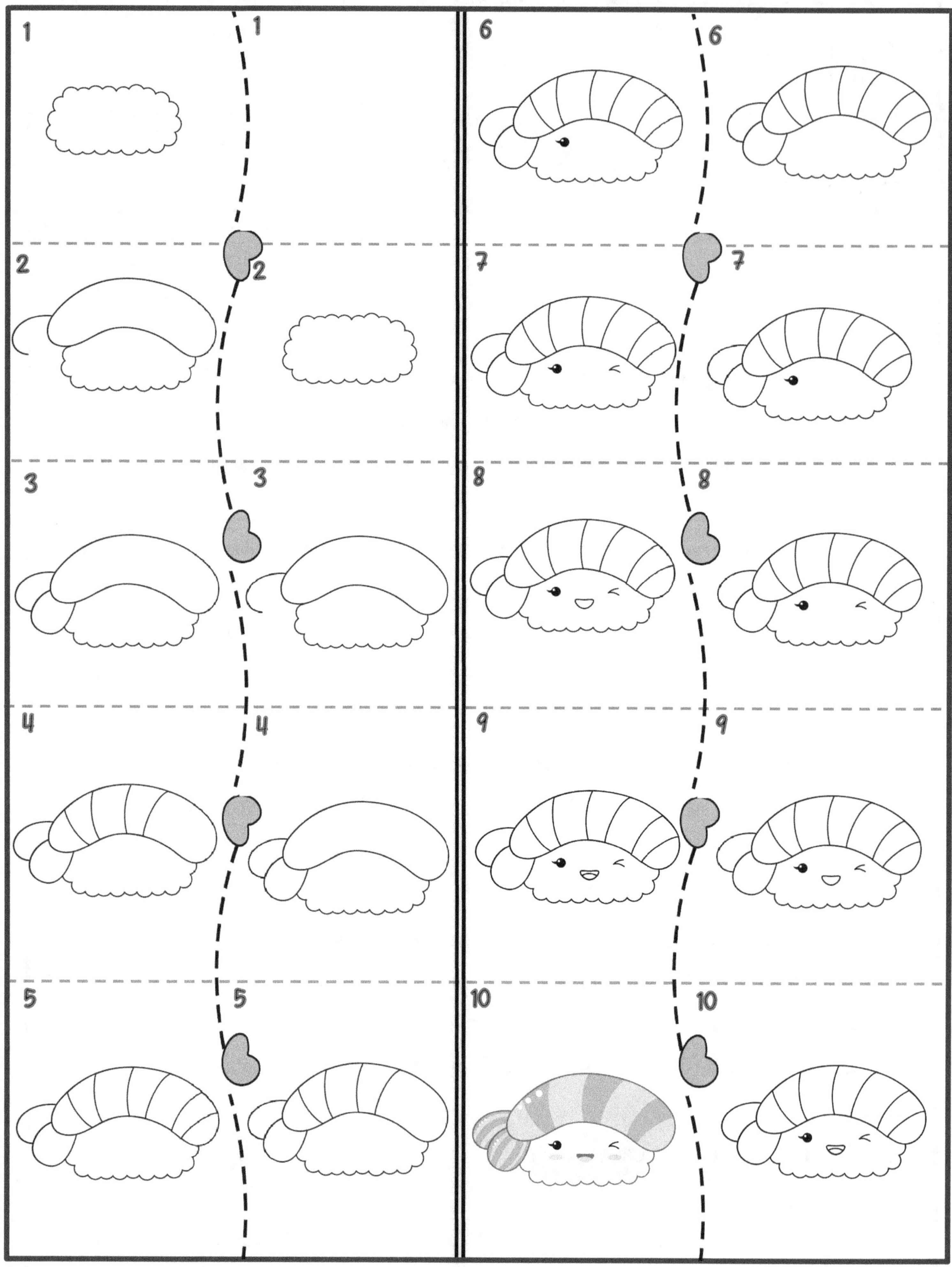

Lass uns malen : ....

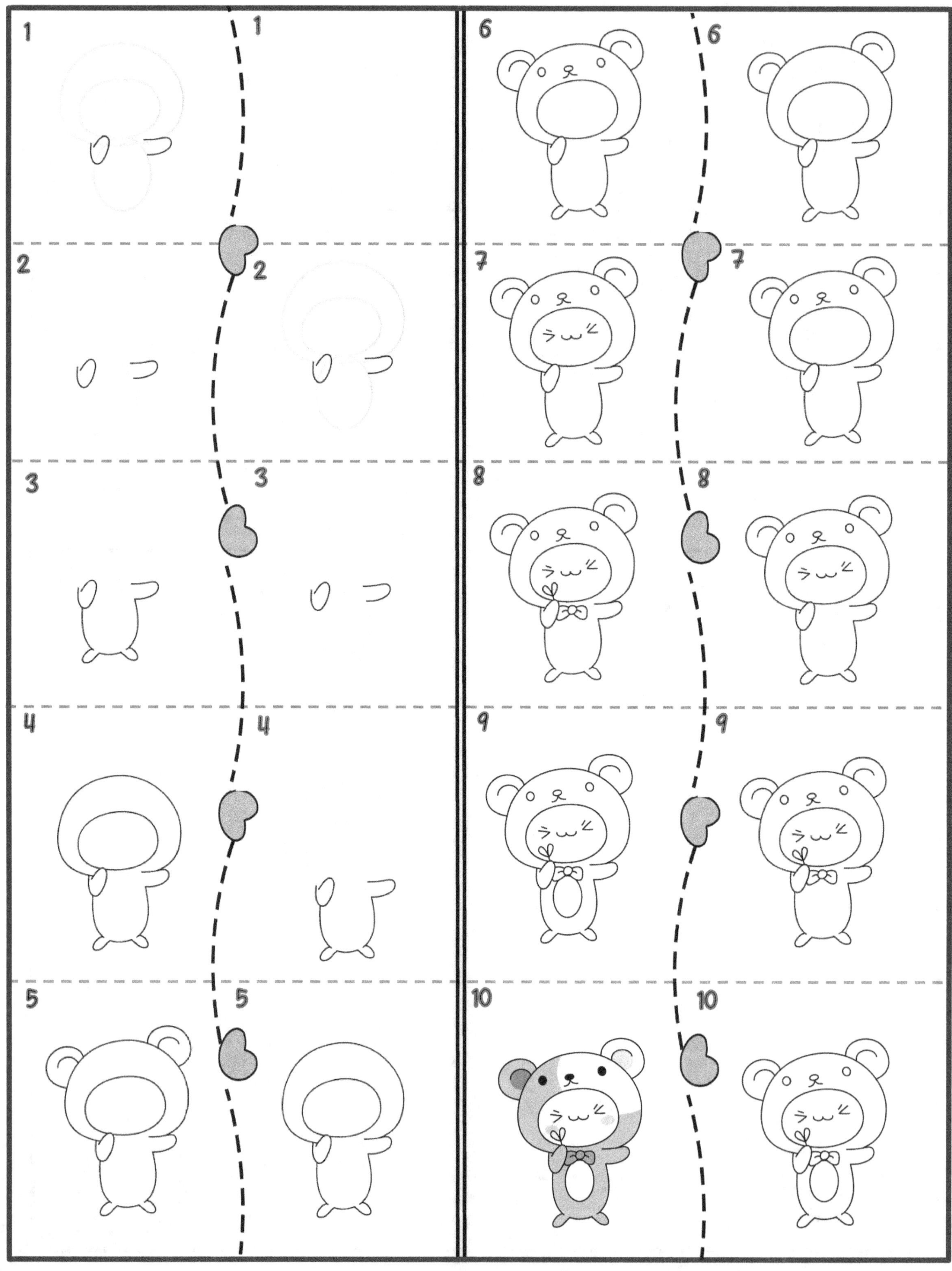

Lass uns malen : ....

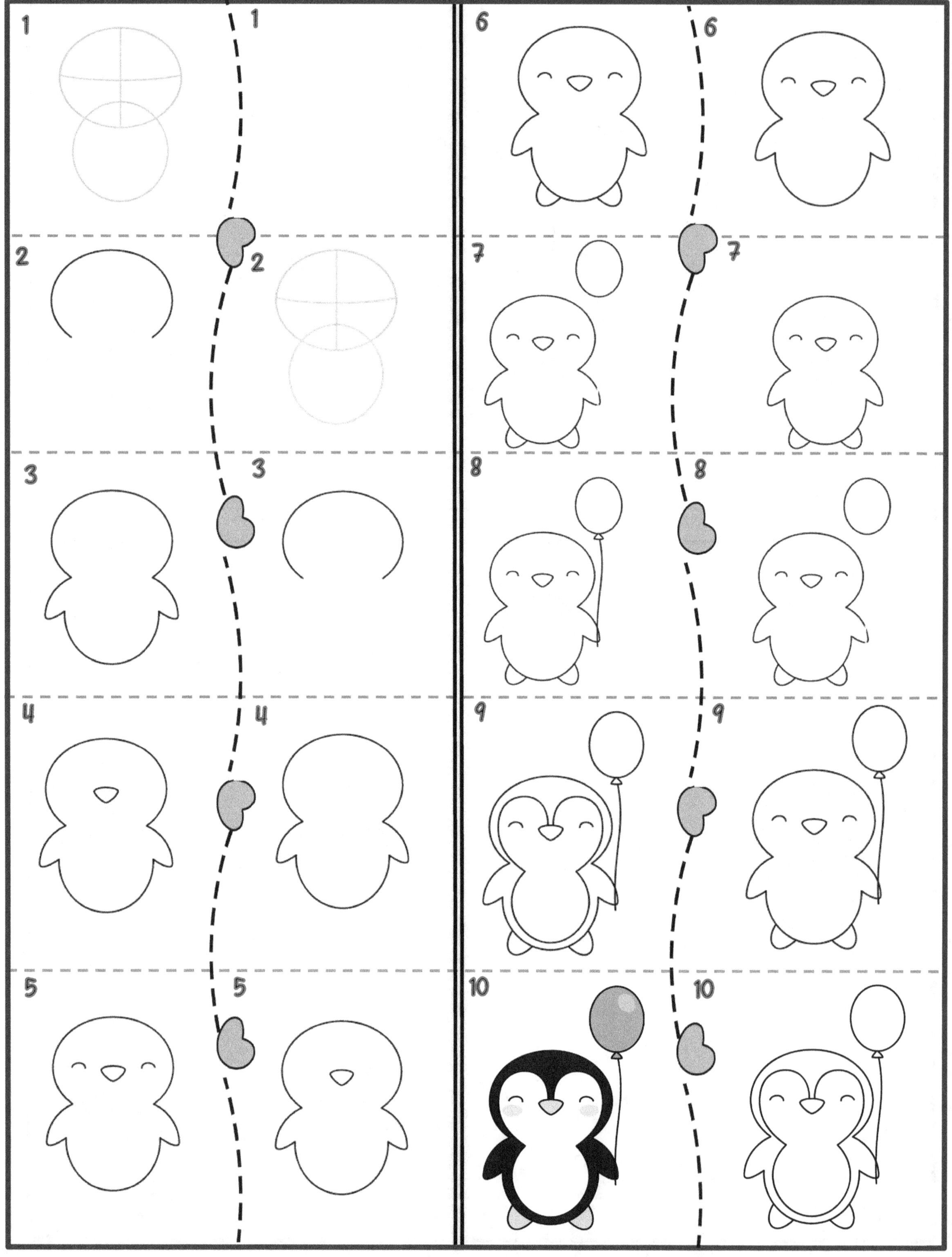

Lass uns malen : ....

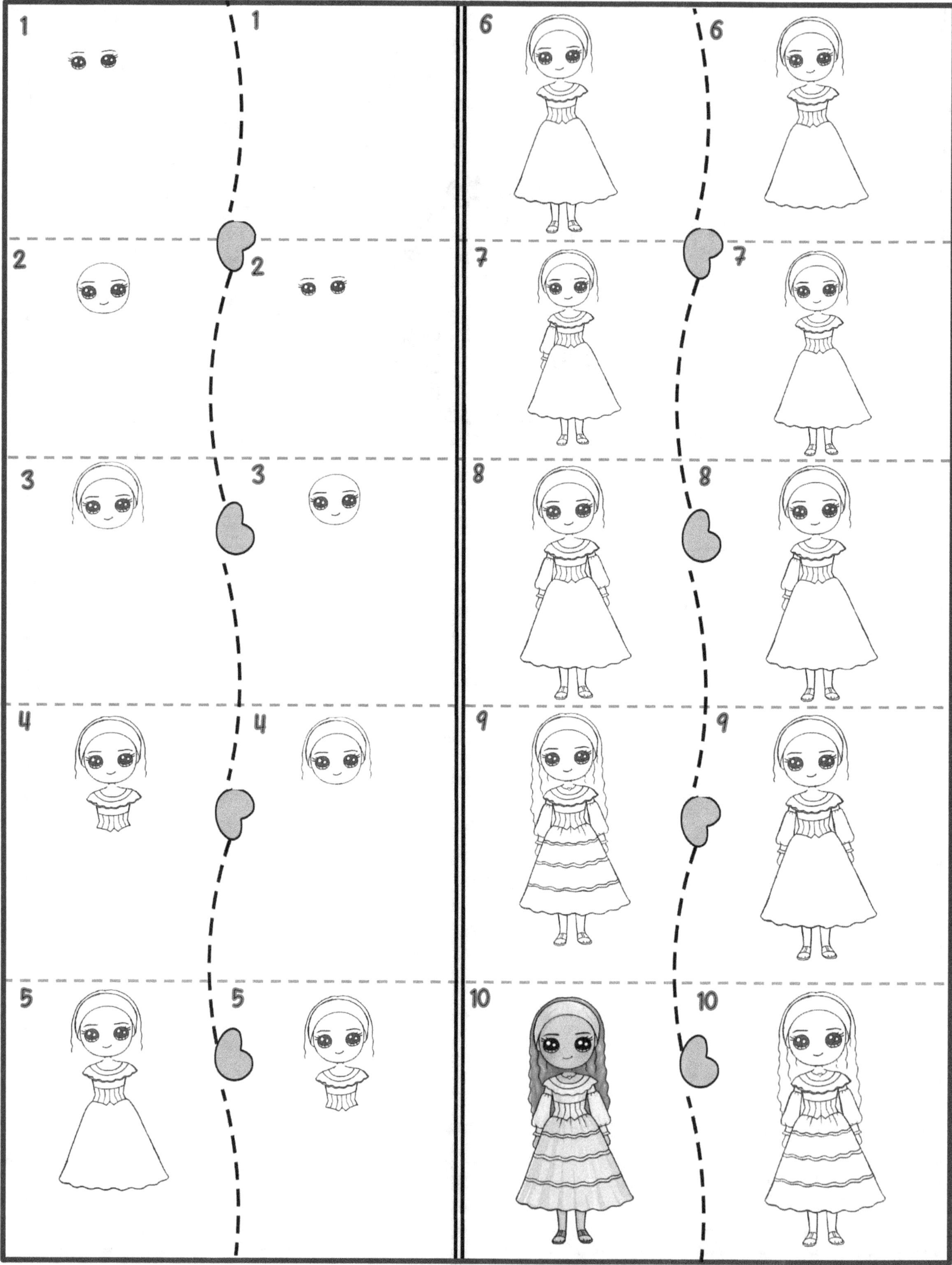

Lass uns malen : ....

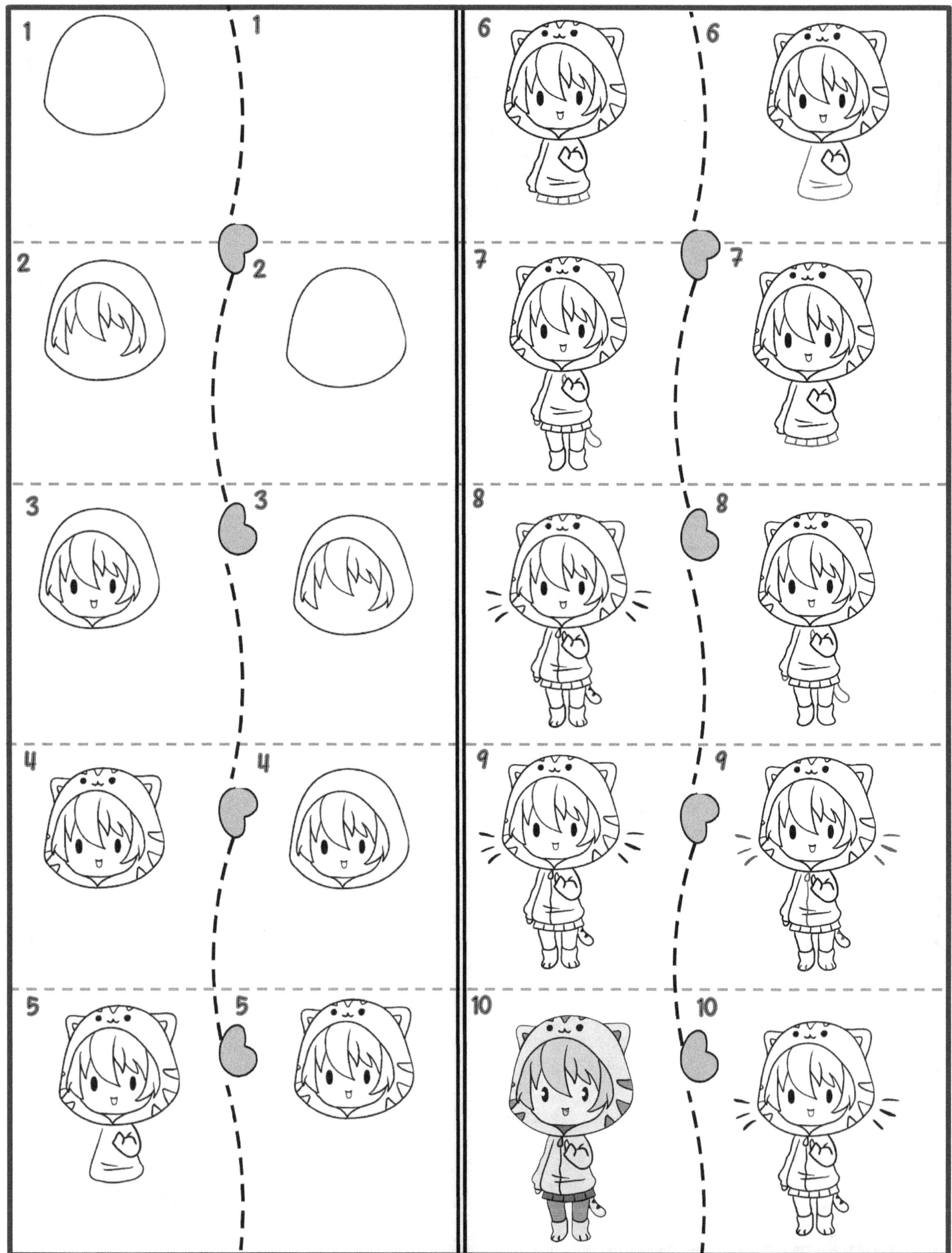

Lass uns malen : ....

Lass uns malen : ....

Lass uns malen : ....

Lass uns malen :..

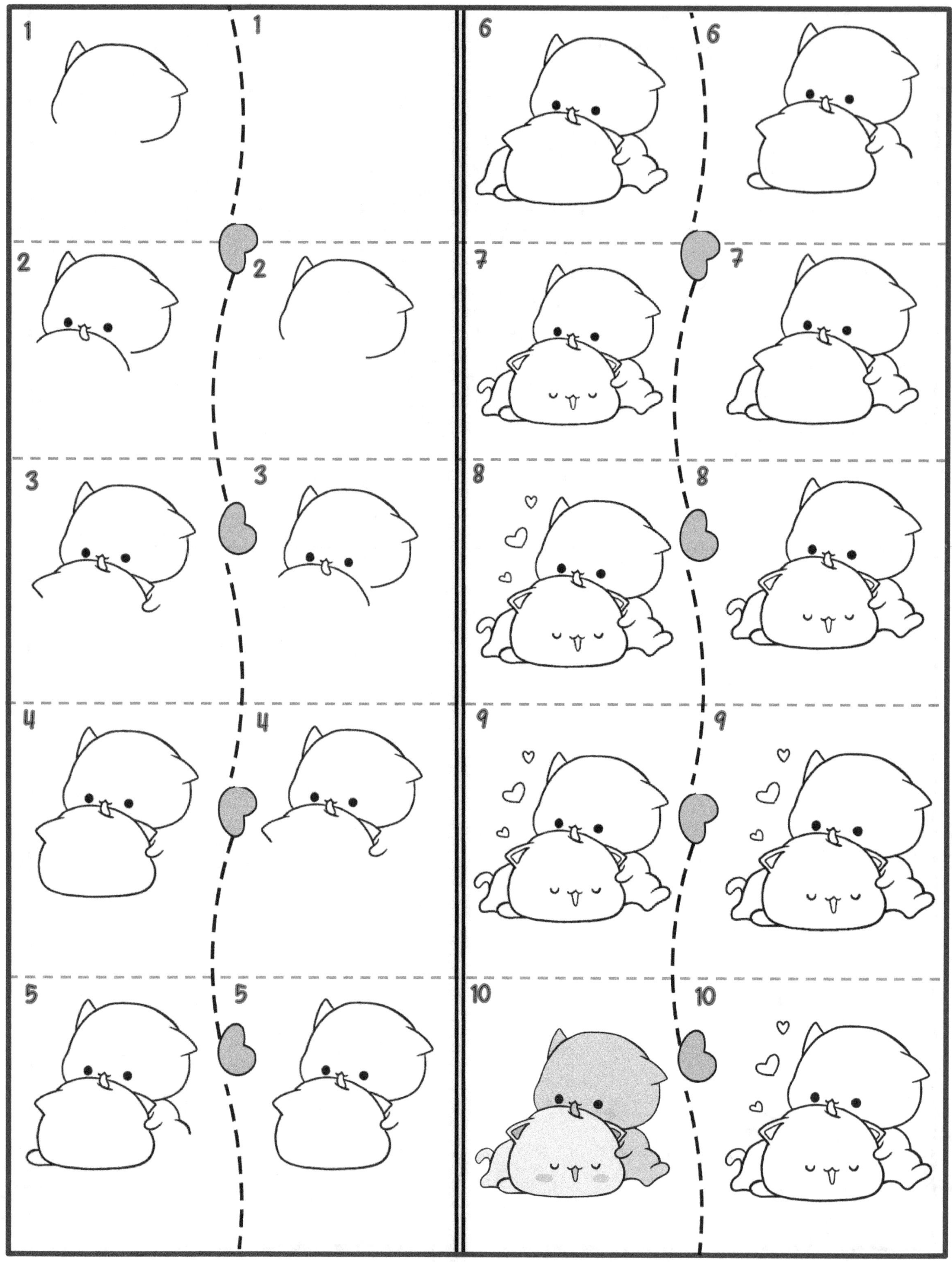

Lass uns malen : ....

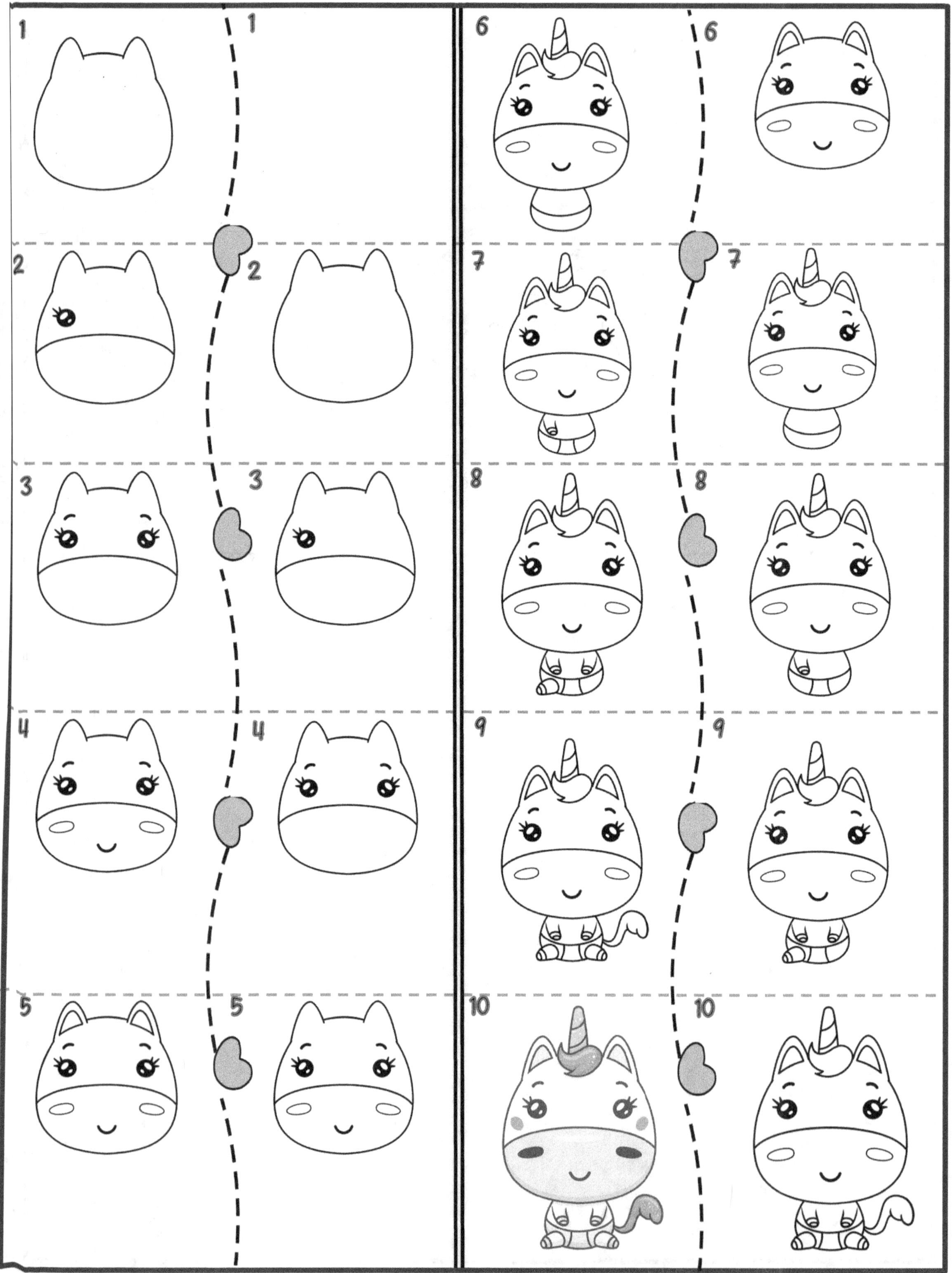

Lass uns malen : ....

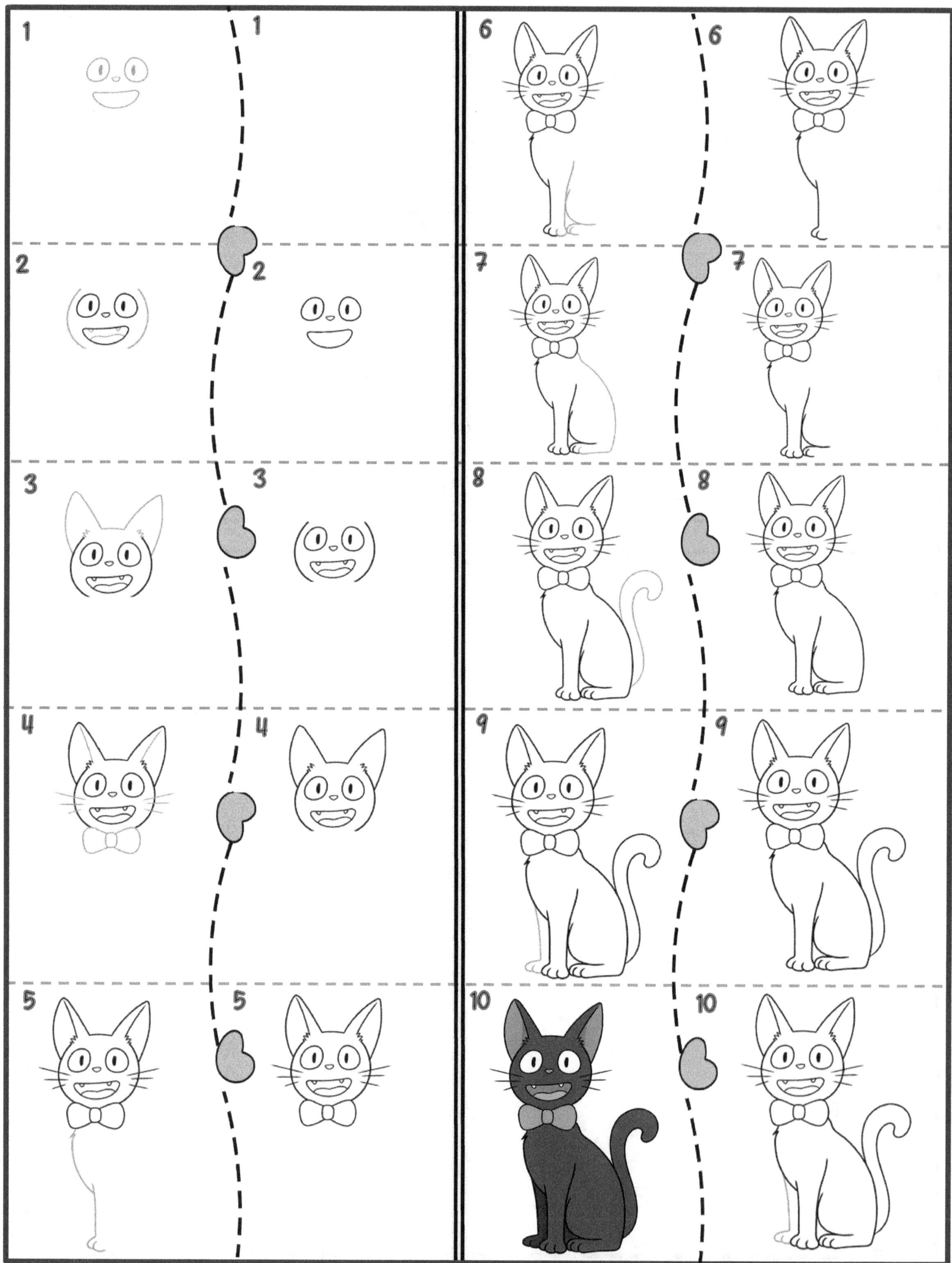

Lass uns malen : ....

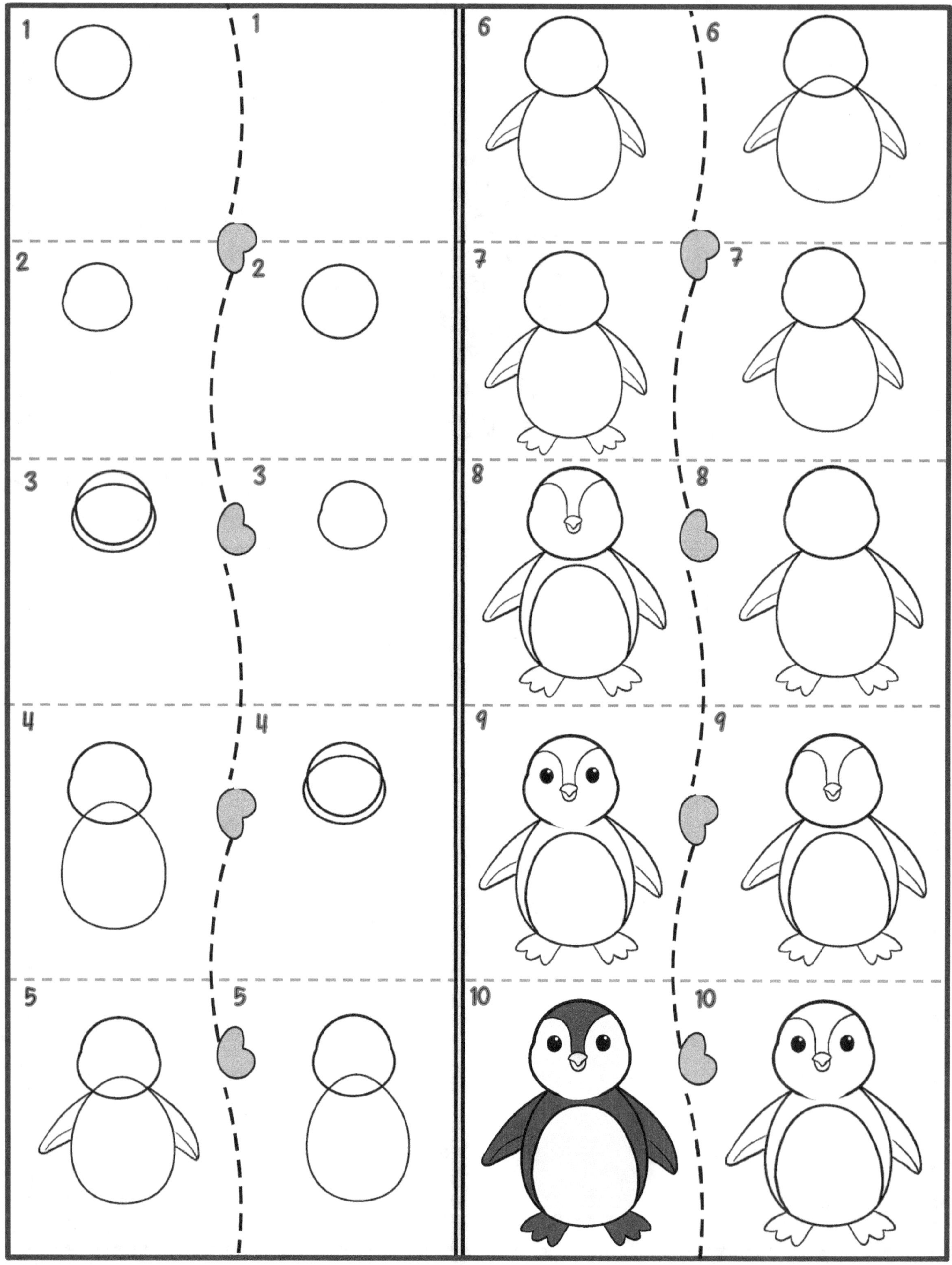

Lass uns malen : ....

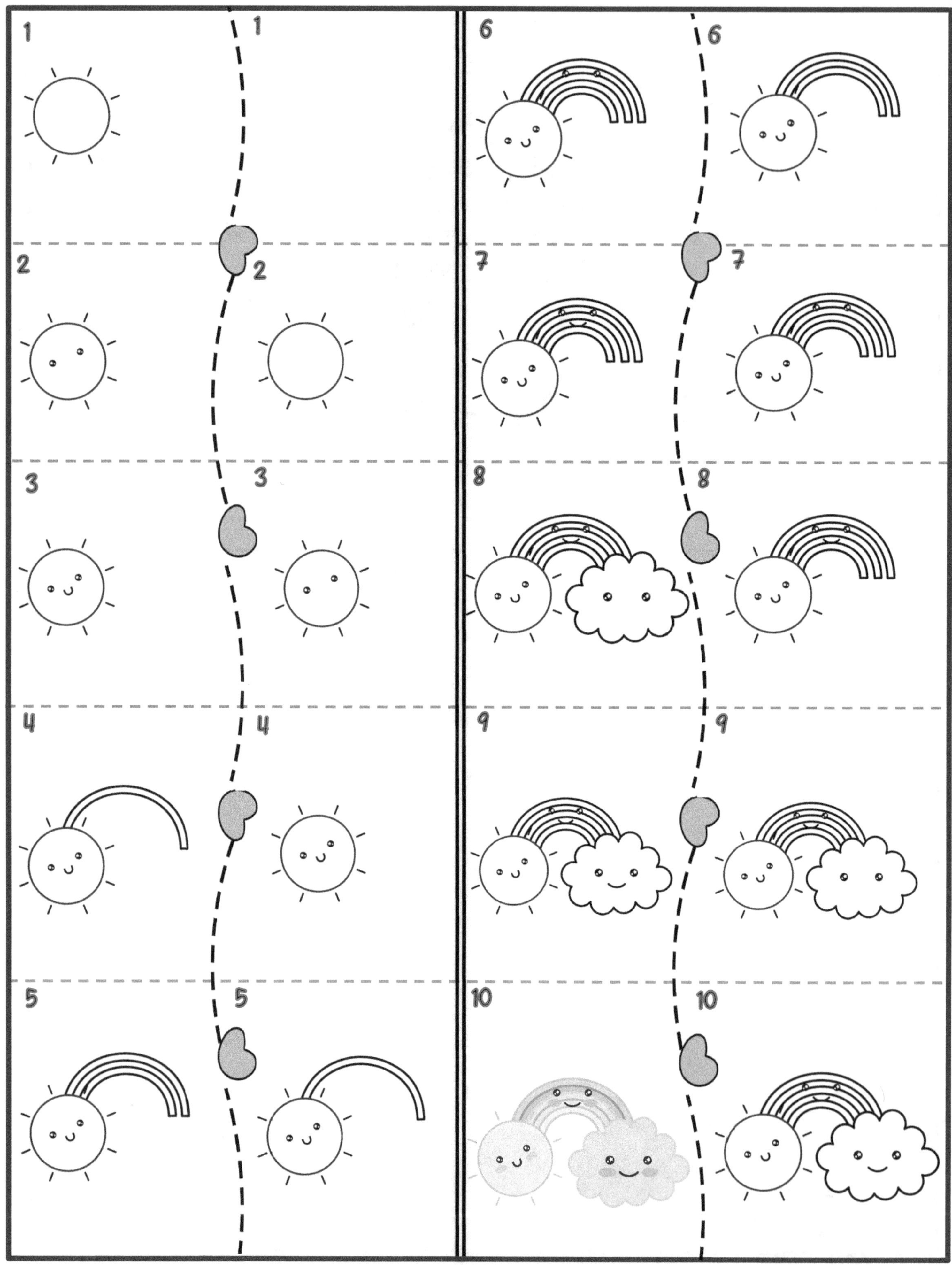

Lass uns malen : ....

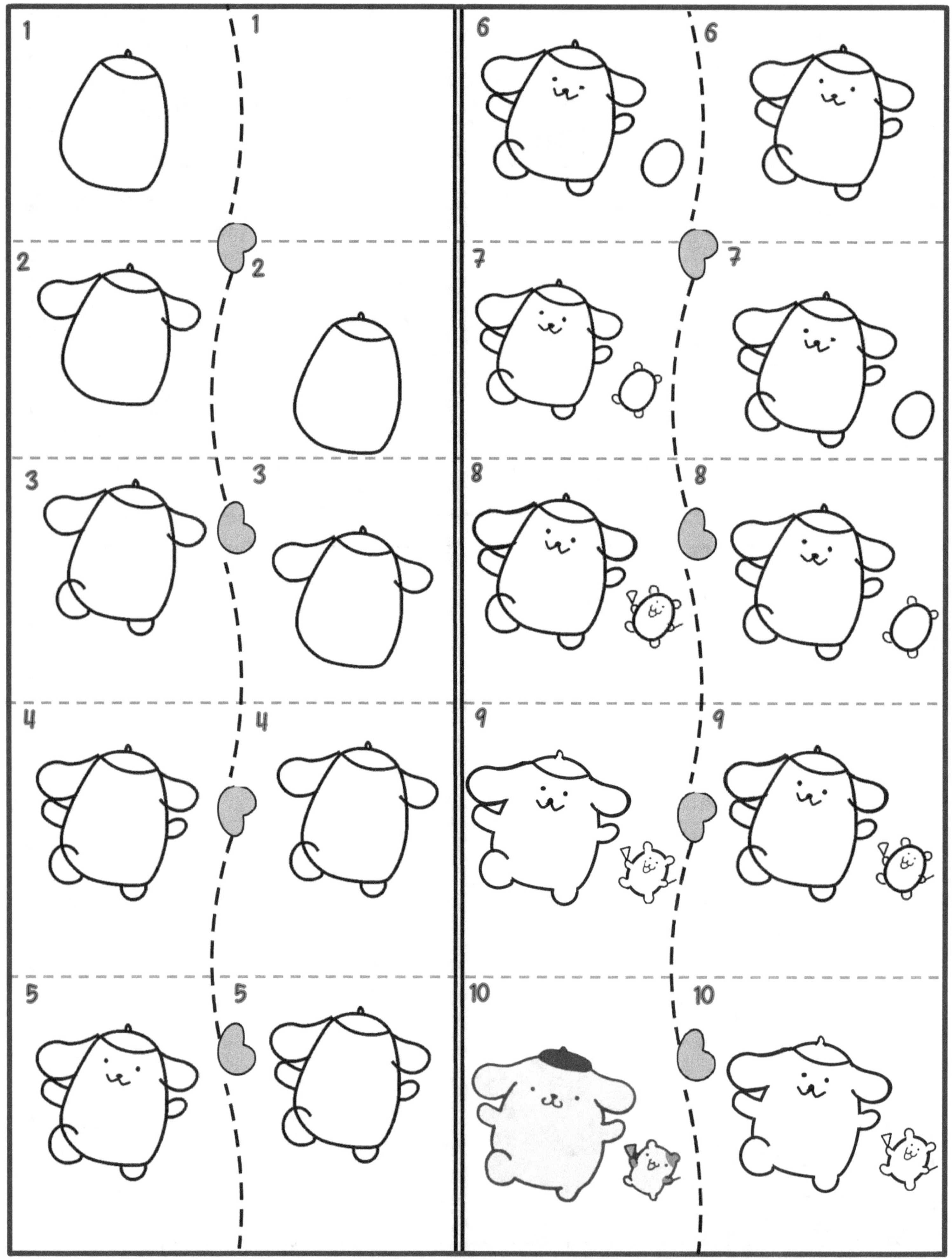

Lass uns malen : ....

Lass uns malen :..

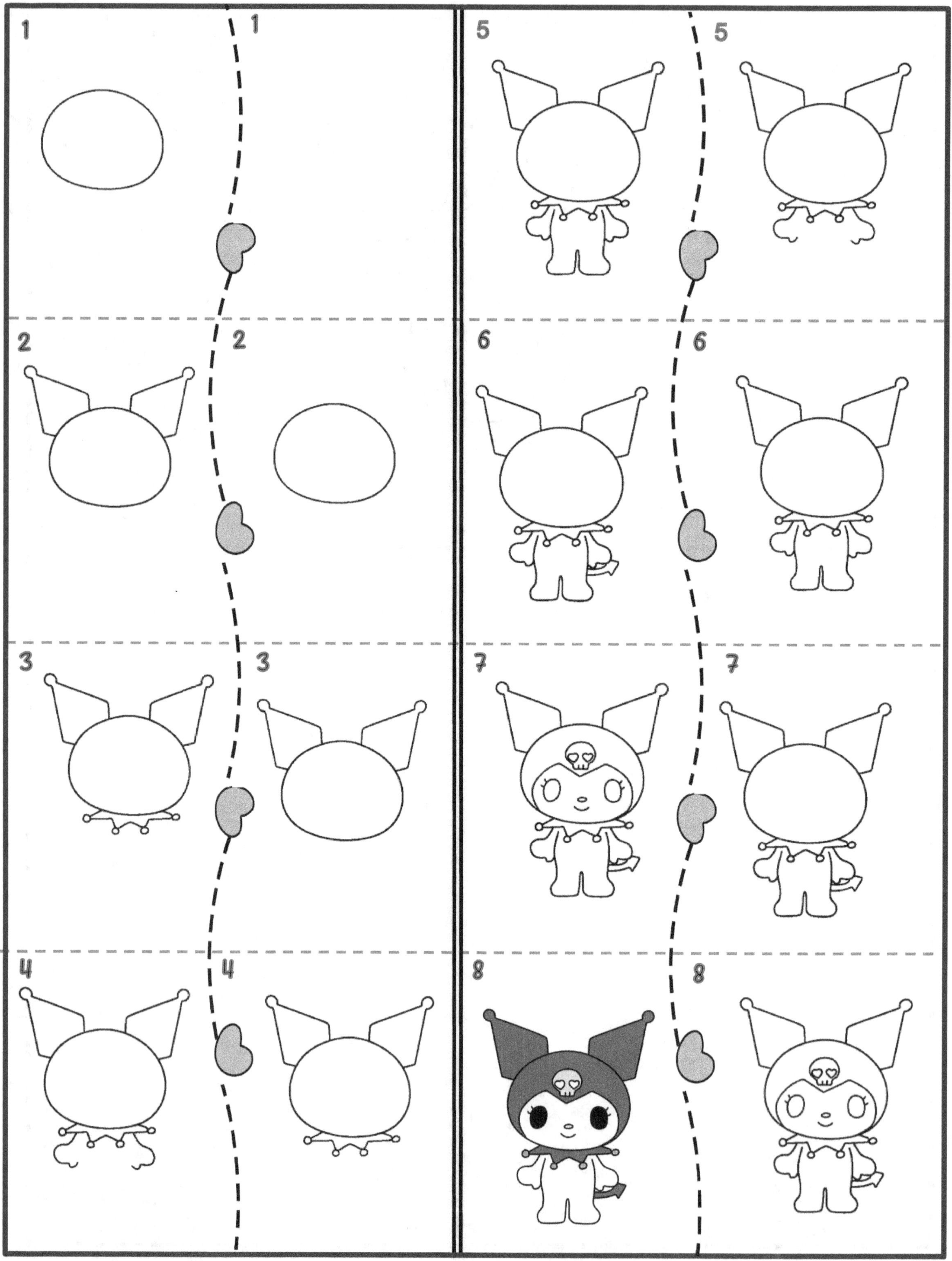

Lass uns malen : ....

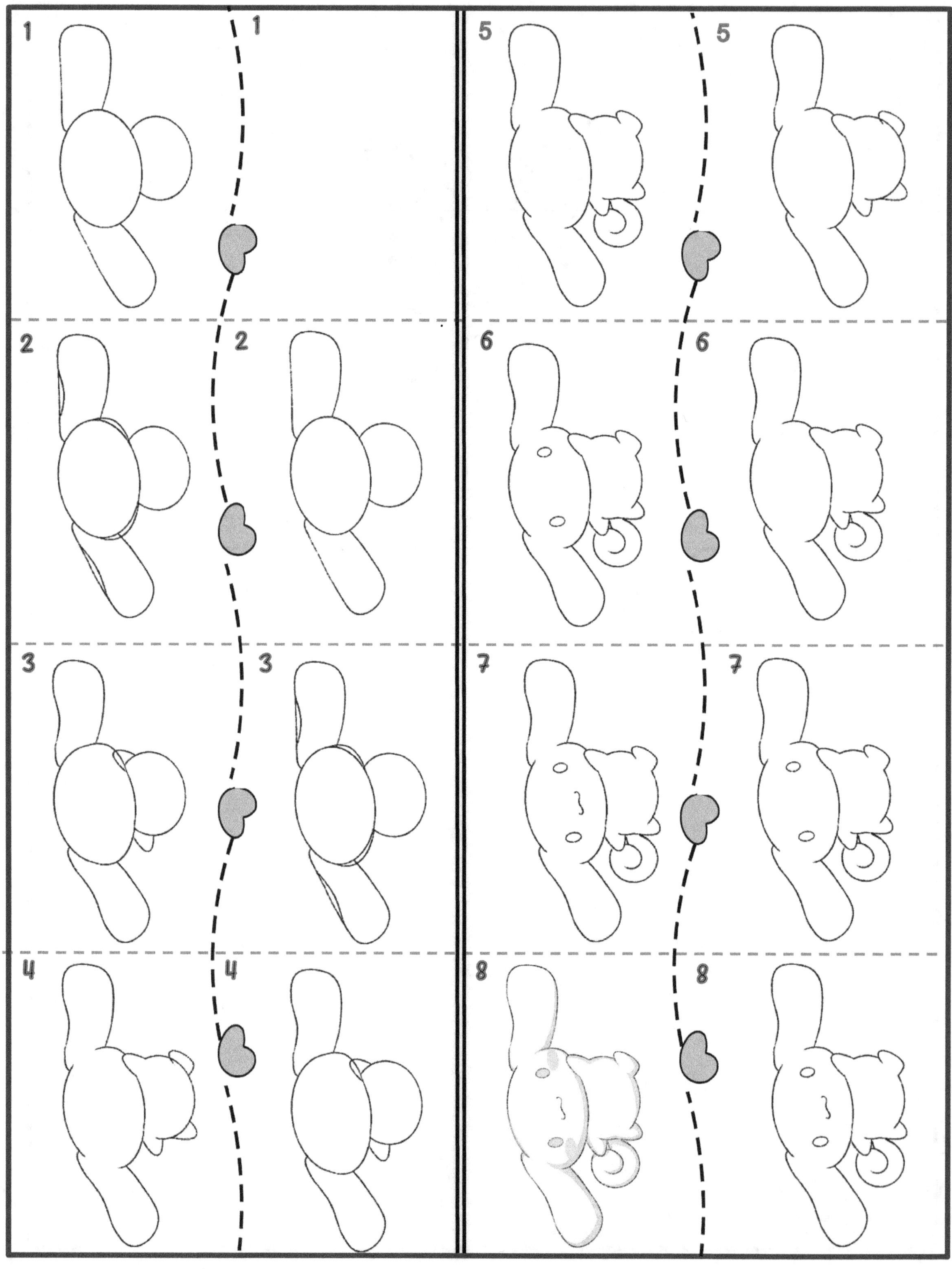

1
1
5
5
2
2
6
6
3
3
7
7
4
4
8
8

Lass uns malen : ....

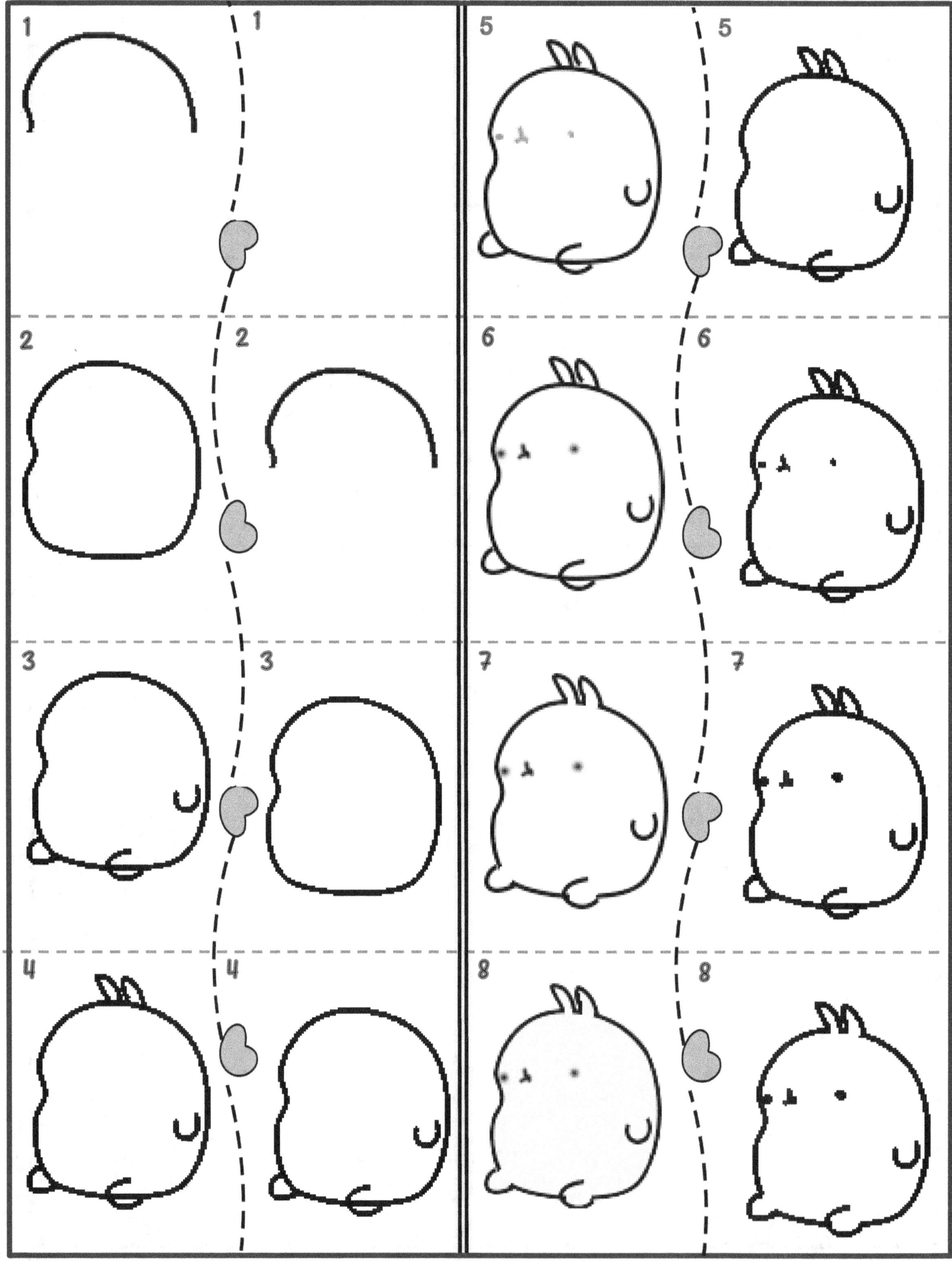

Lass uns malen : ....

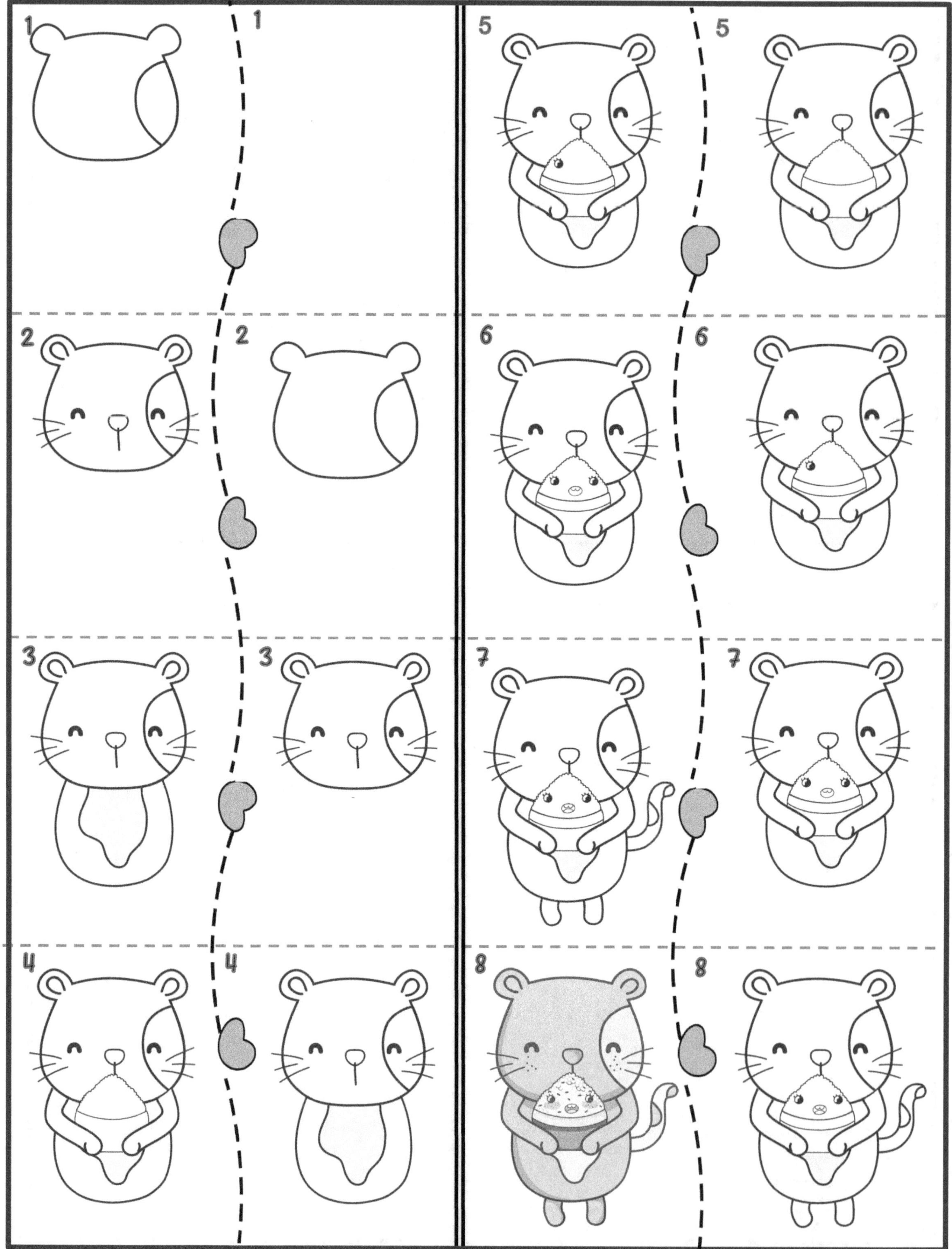

Lass uns malen : ....

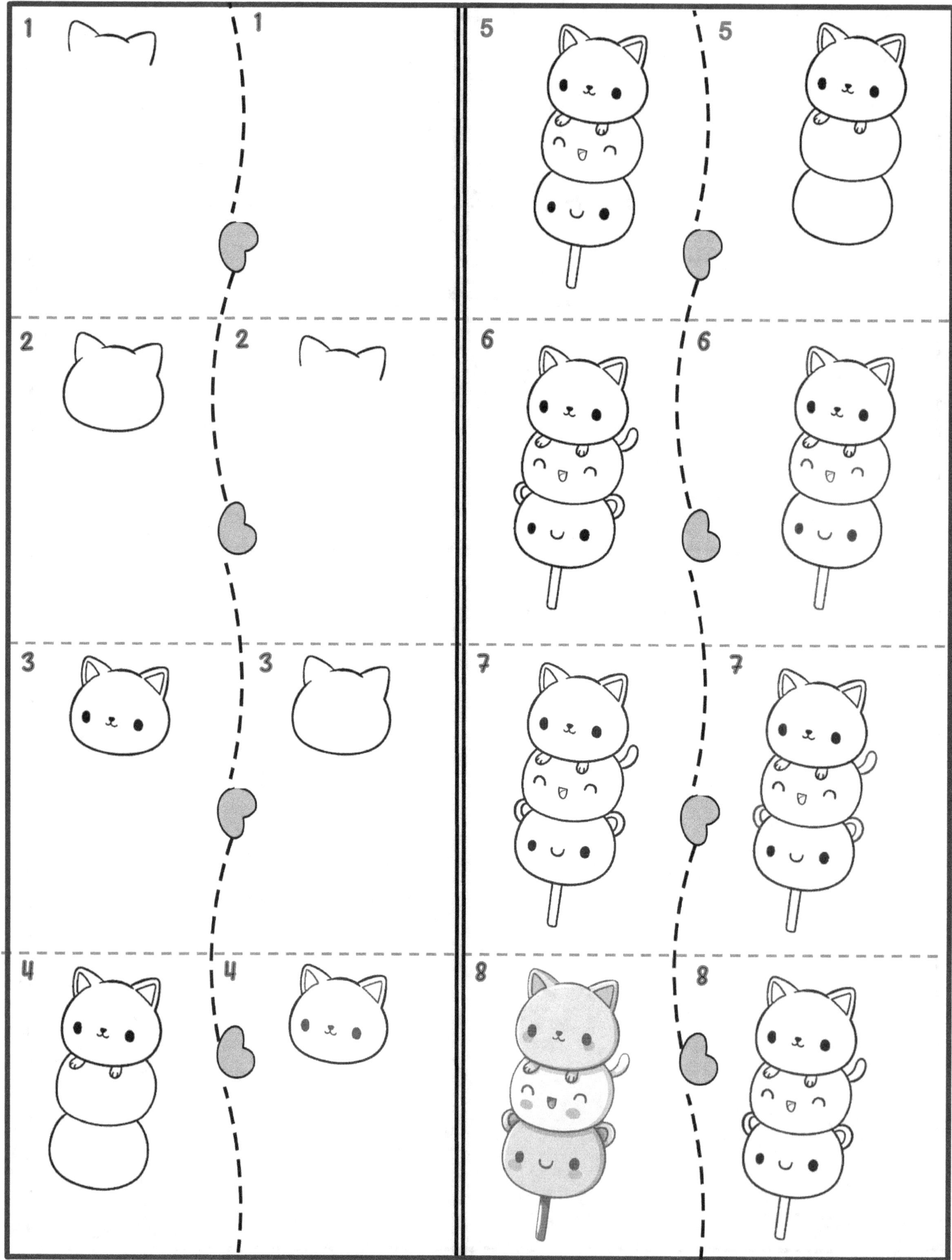

Lass uns malen : ....

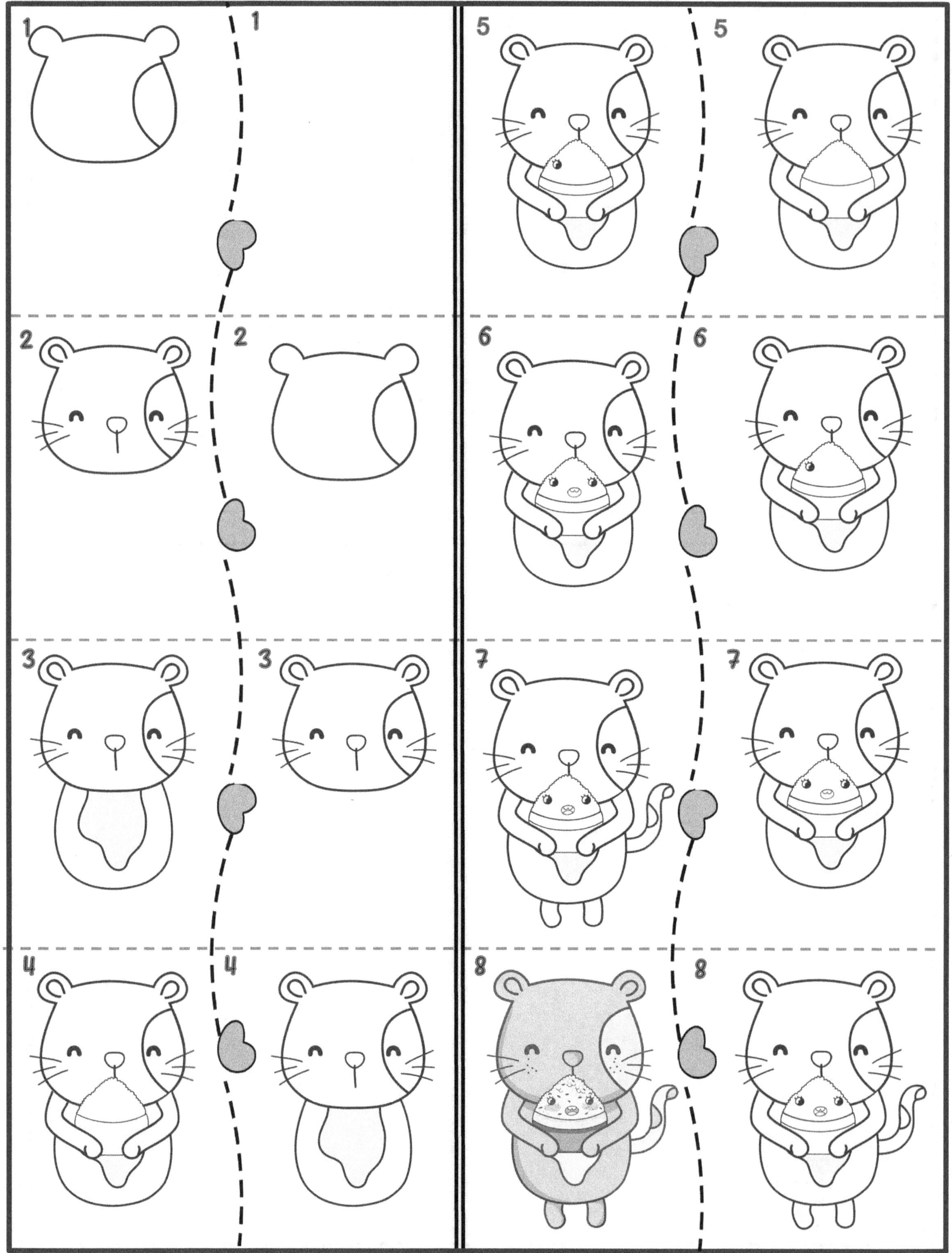

Lass uns malen : ....

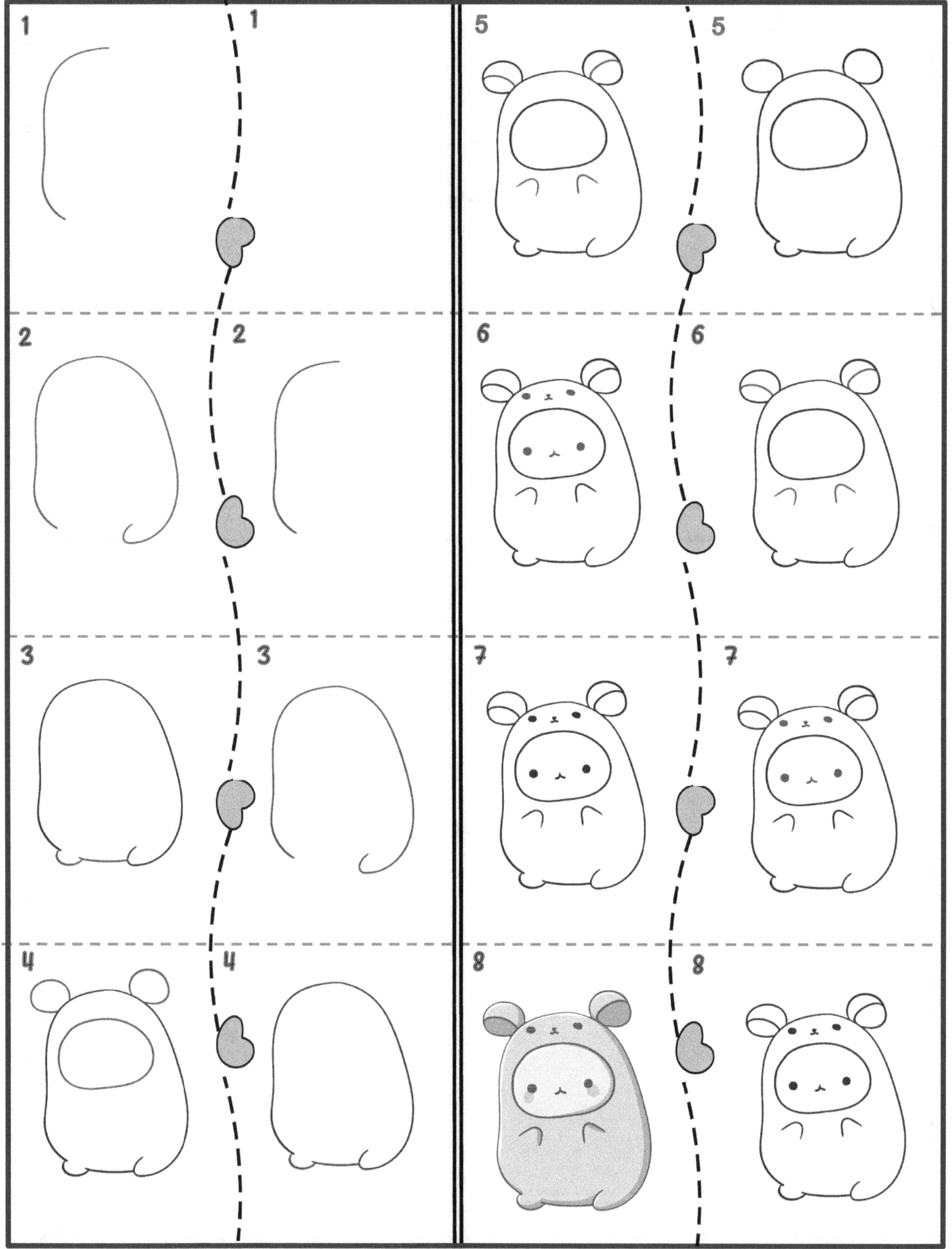

Lass uns malen : ....

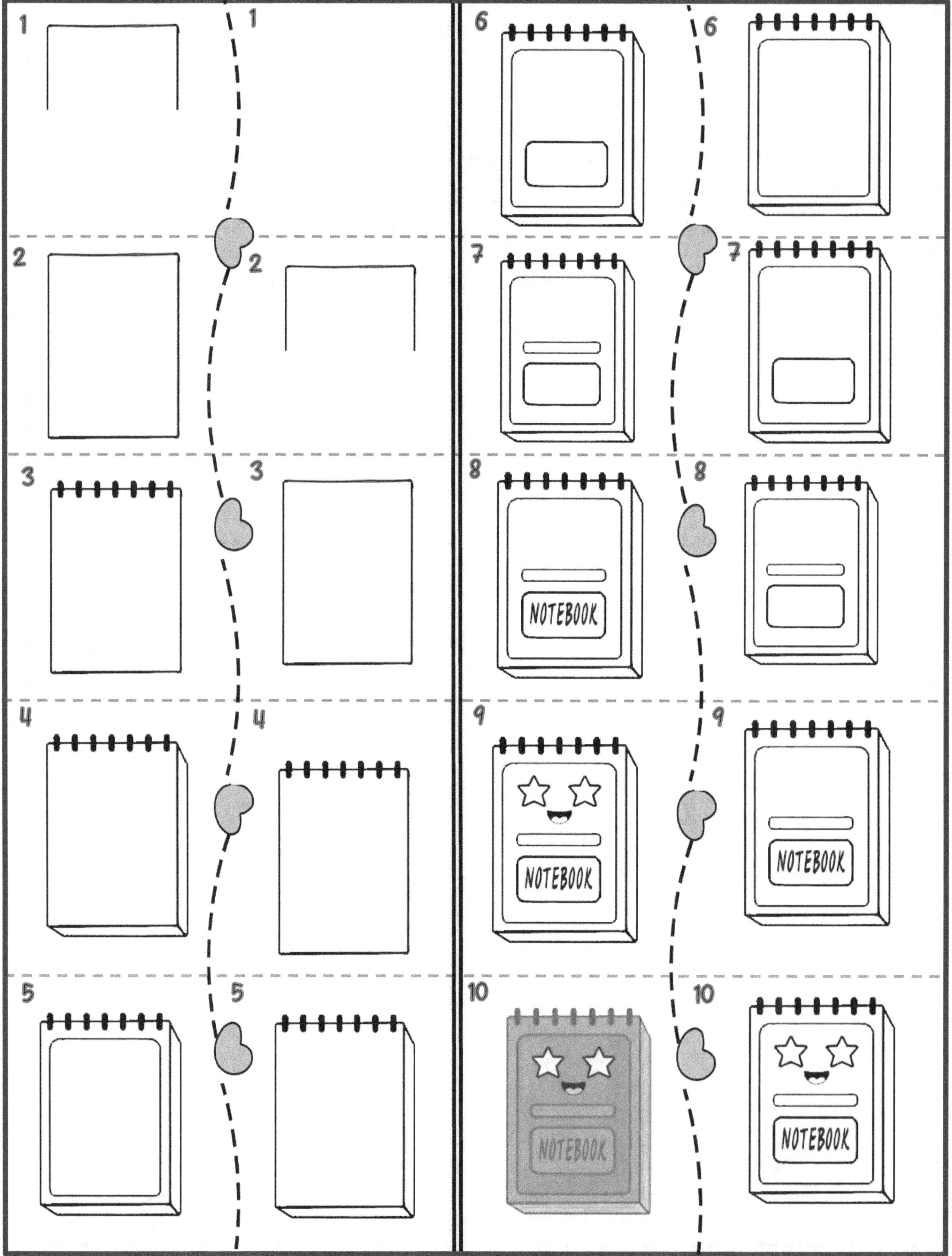

Lass uns malen : ....

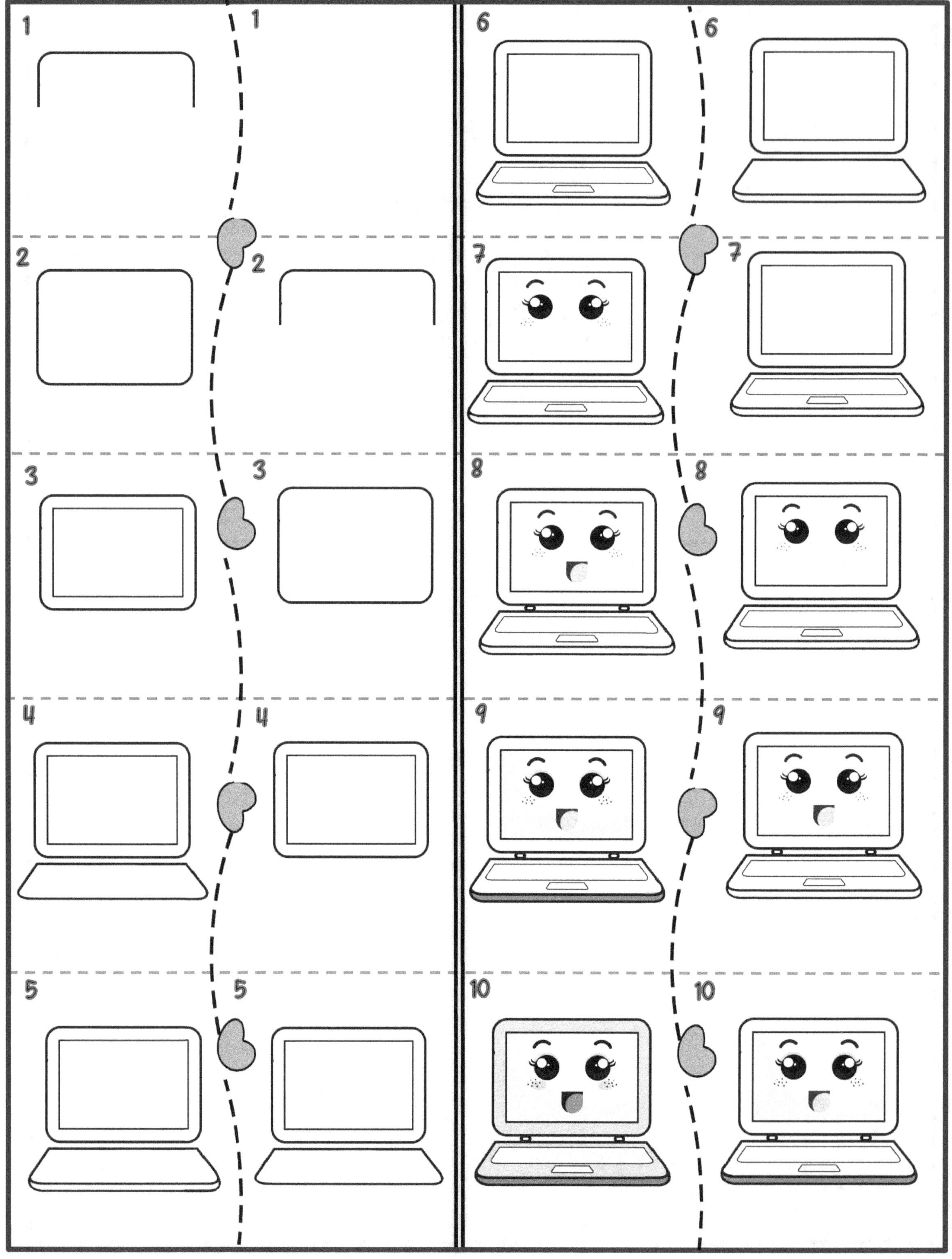

Lass uns malen : ....

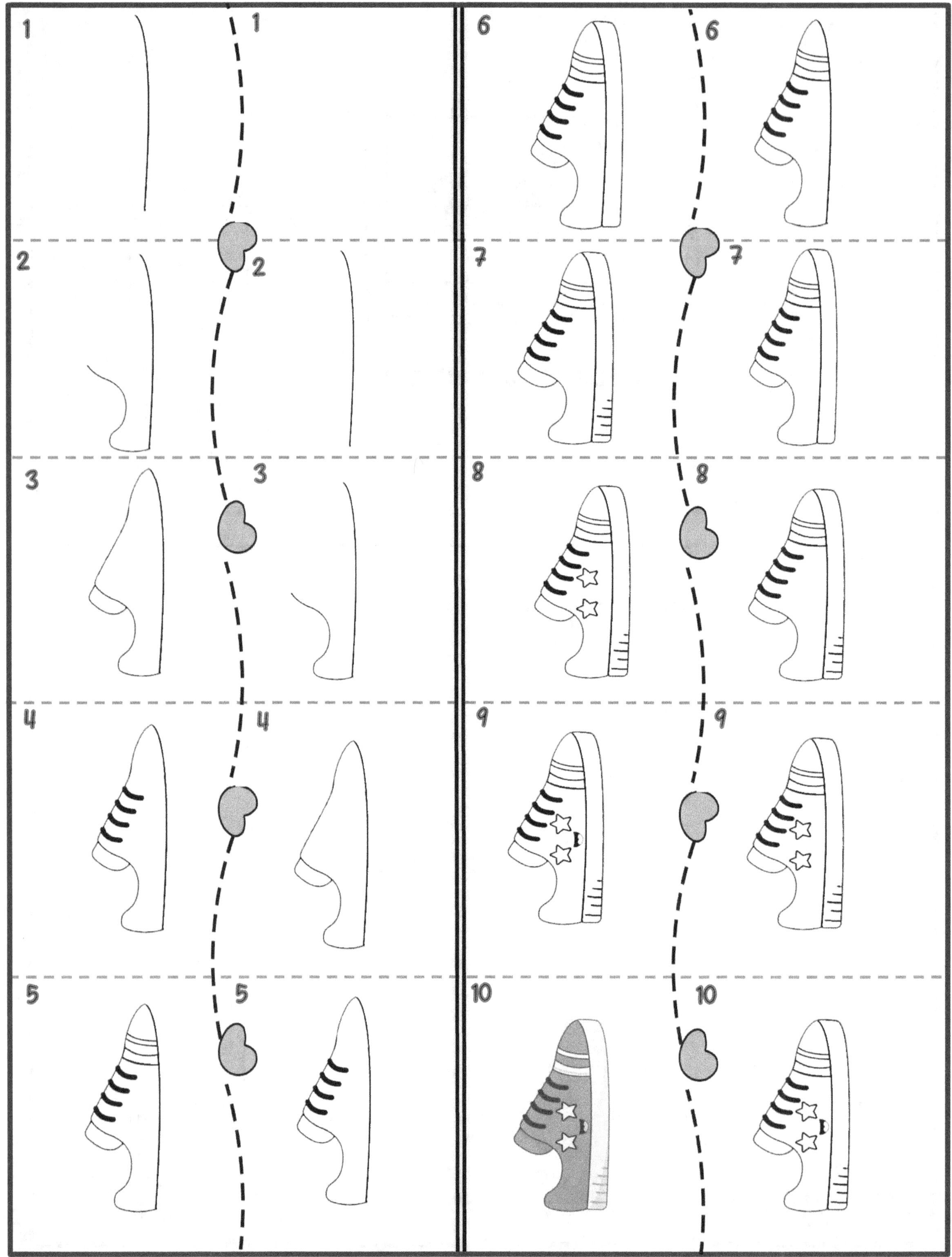

Lass uns malen : ....

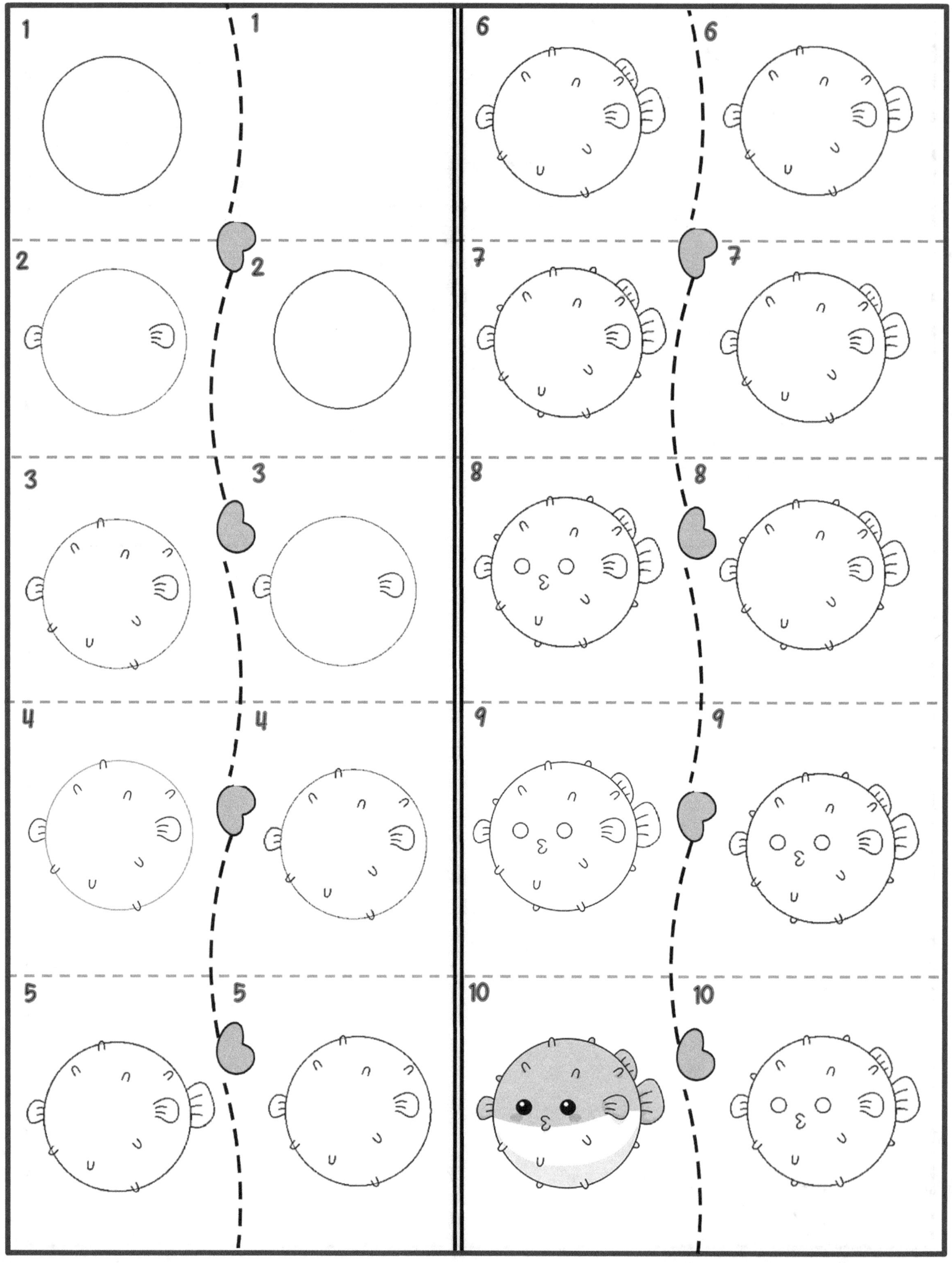

Lass uns malen : ....

Lass uns malen : ....

Lass uns malen : ....

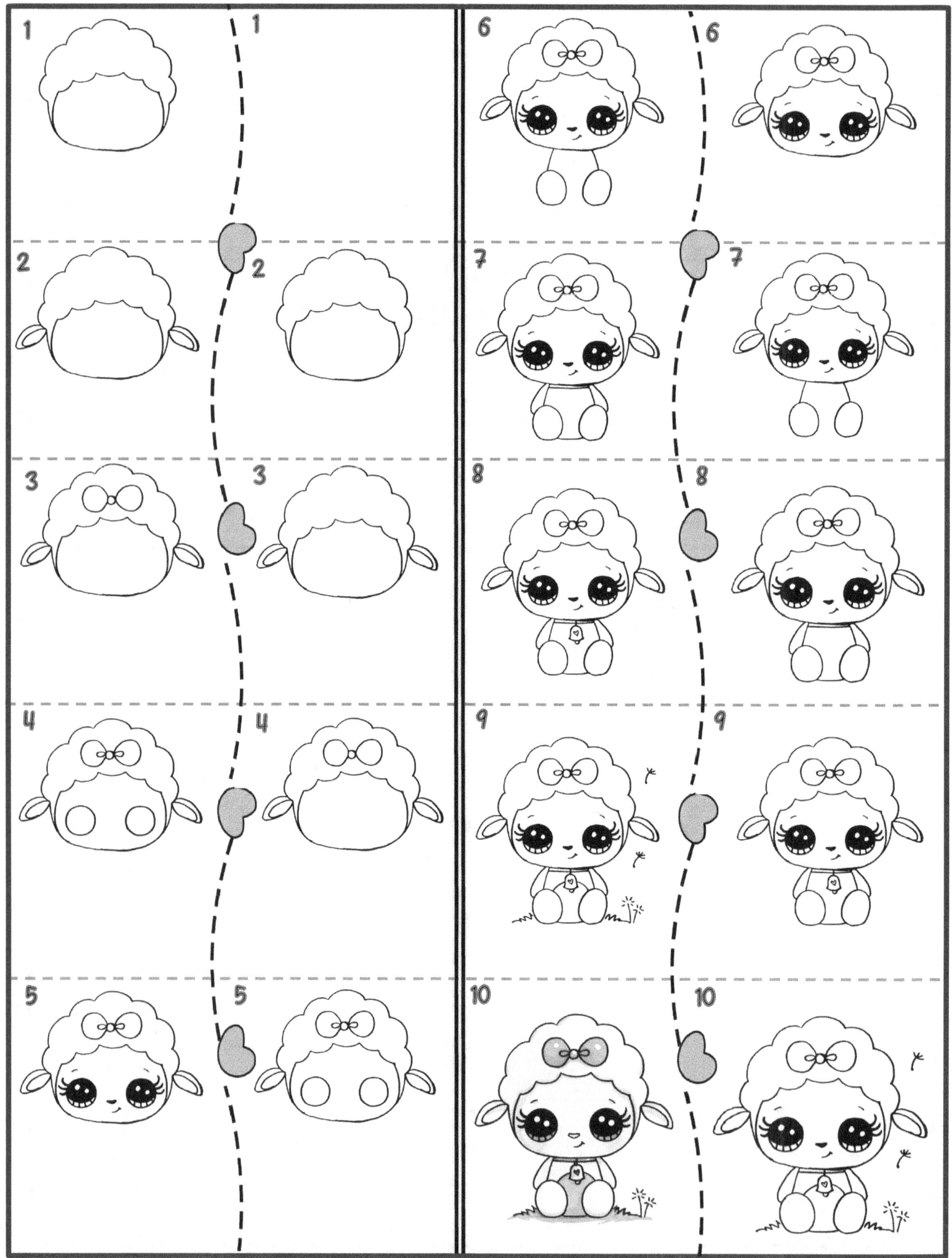

Lass uns malen : ....

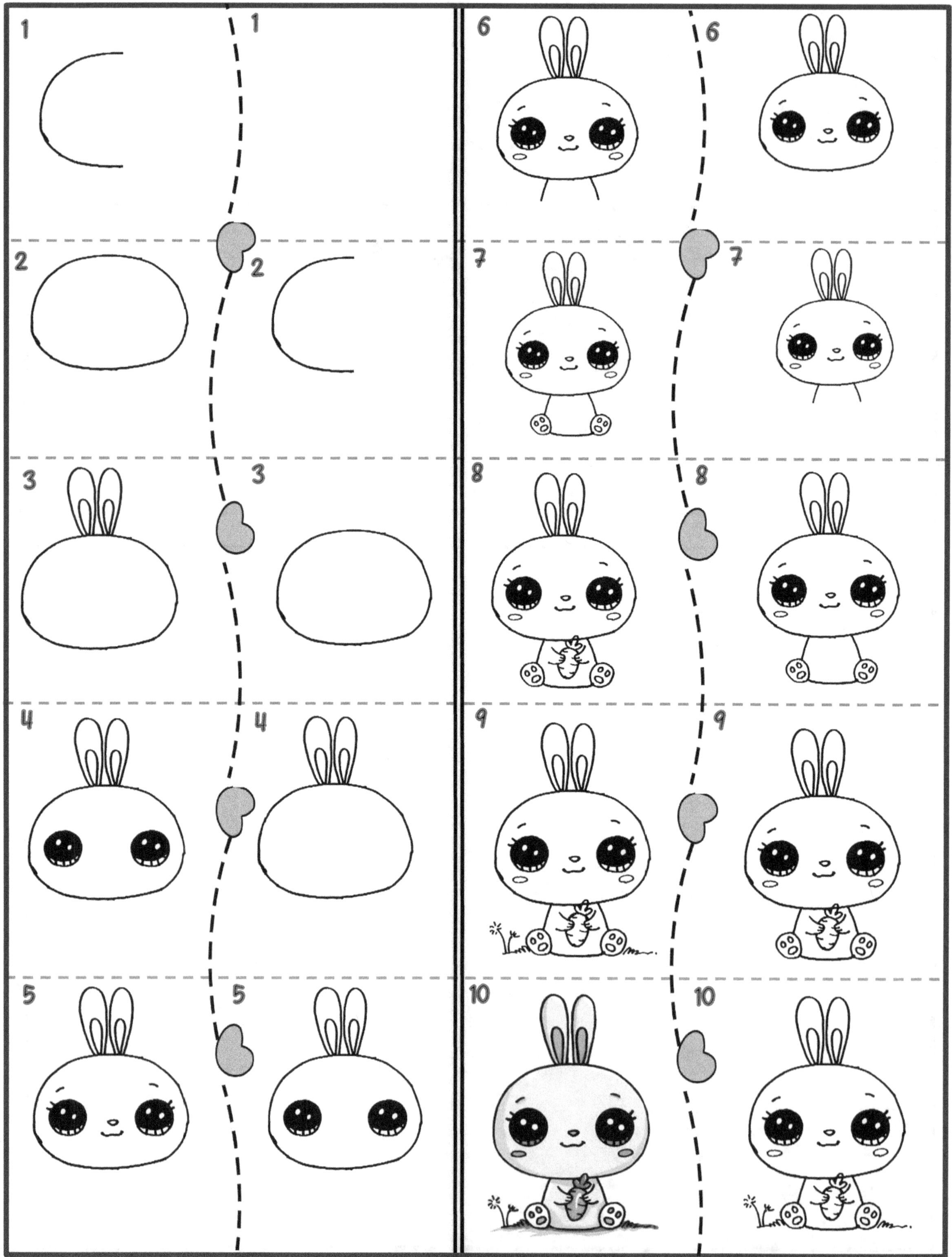

Lass uns malen : ....

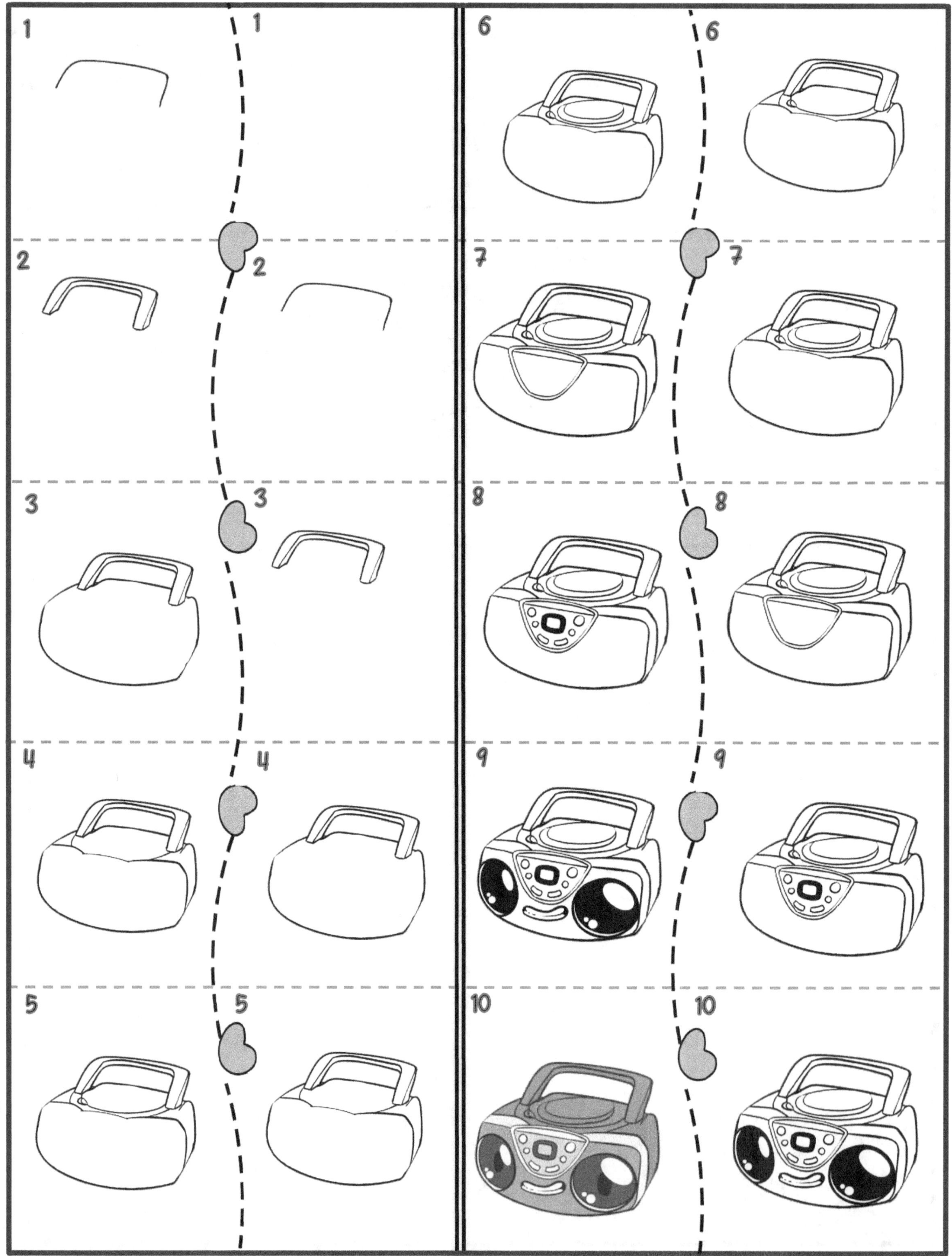

Lass uns malen : ....

Lass uns malen : ....

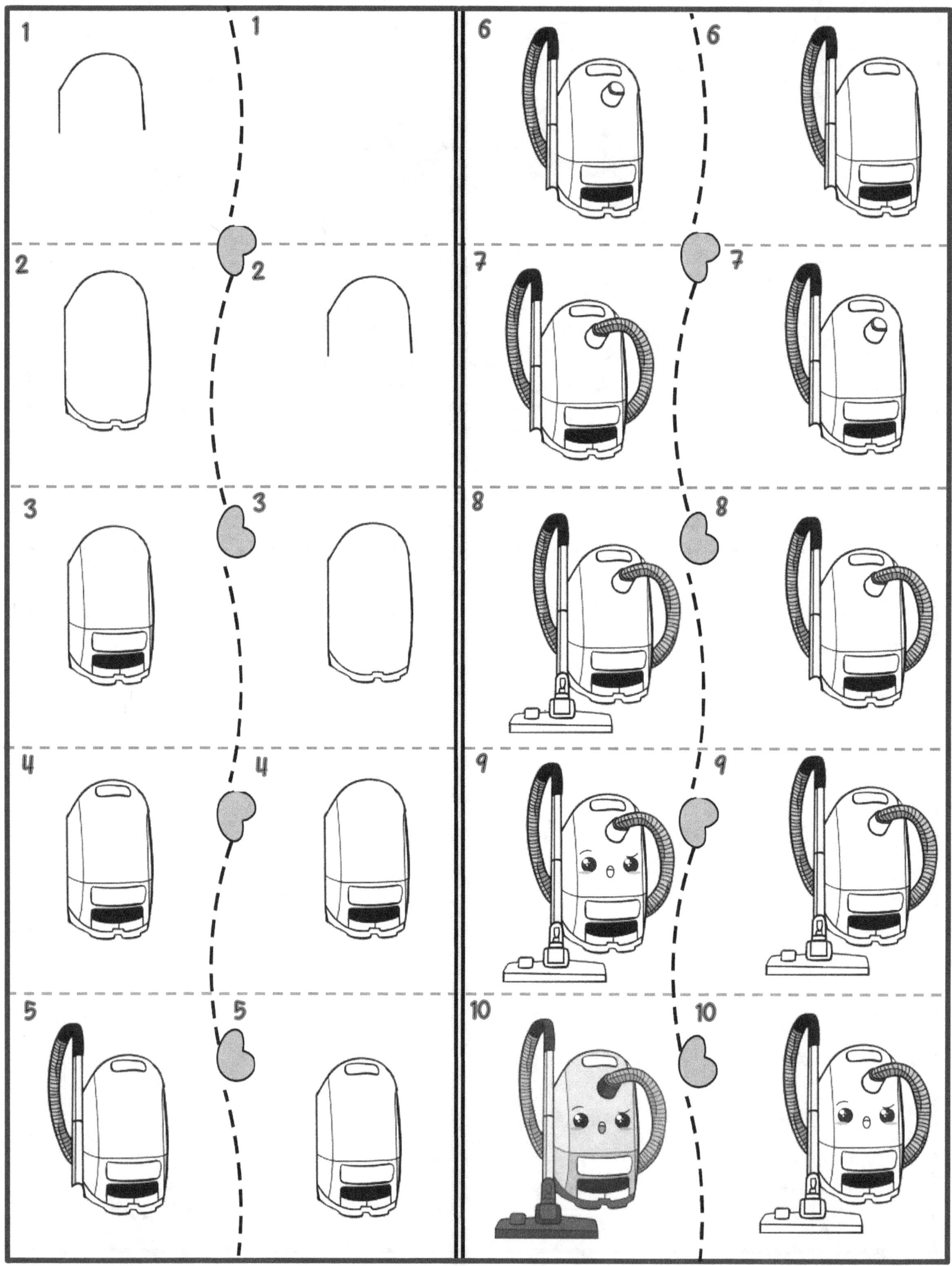

Lass uns malen : ....

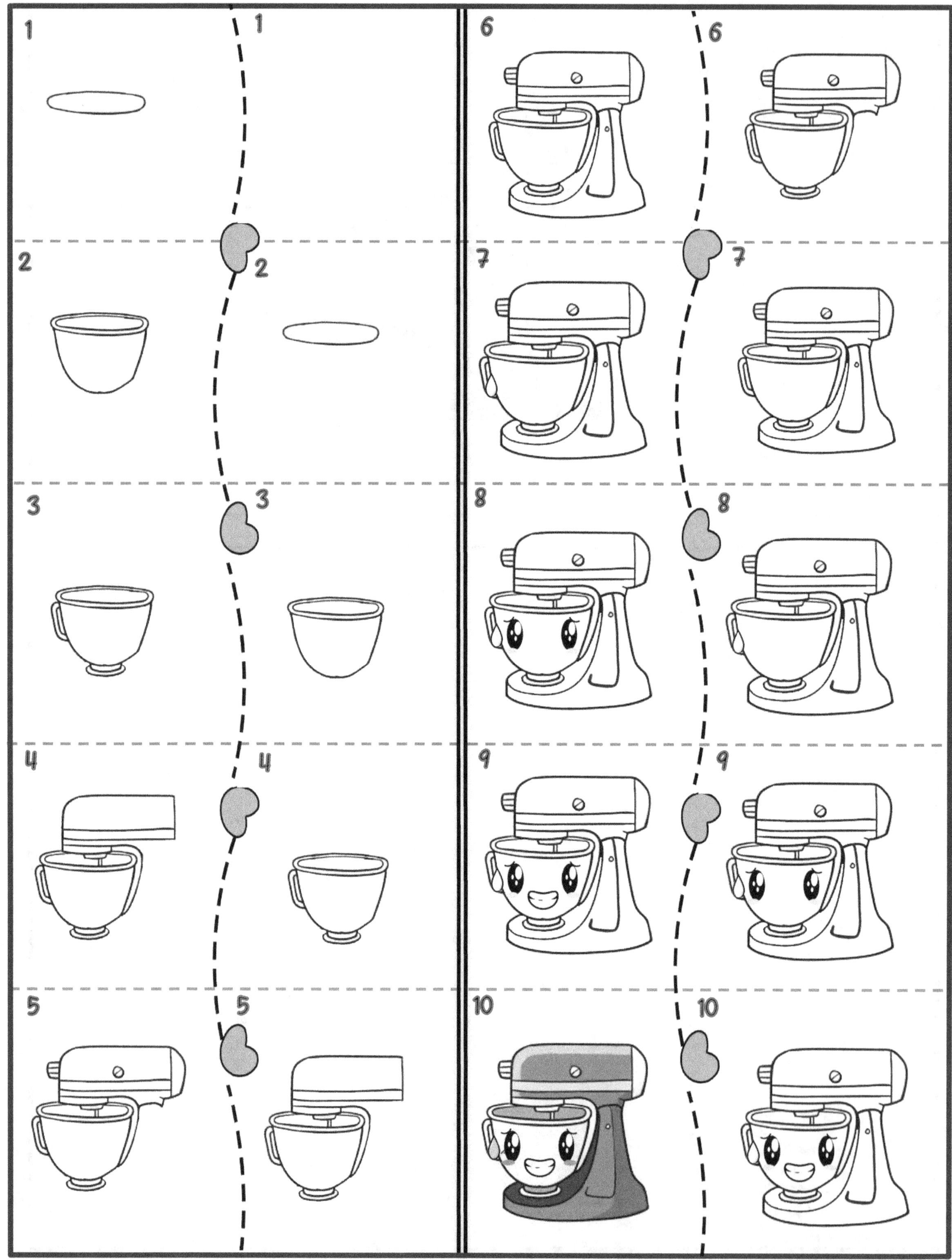

Lass uns malen : ....

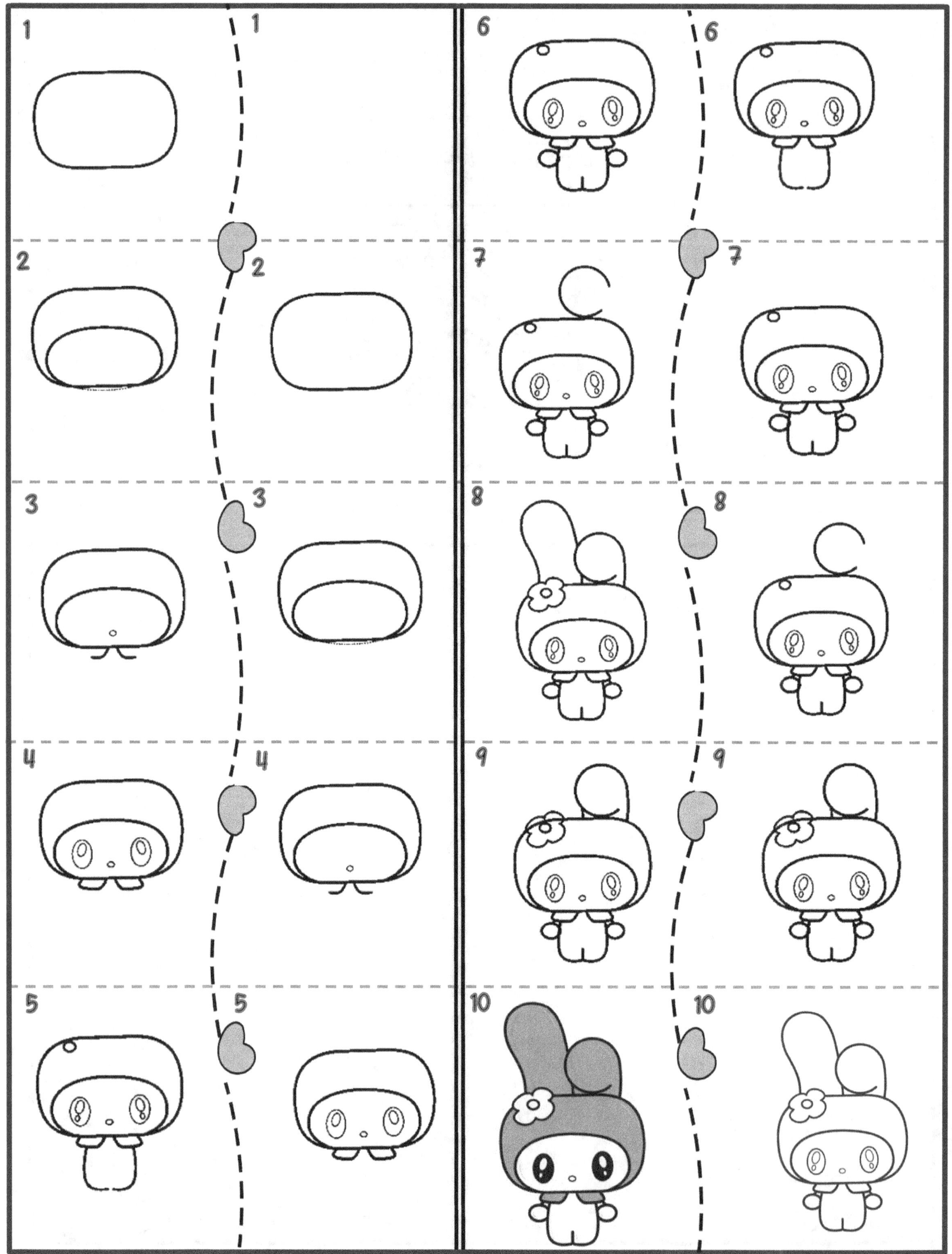

Lass uns malen : ....

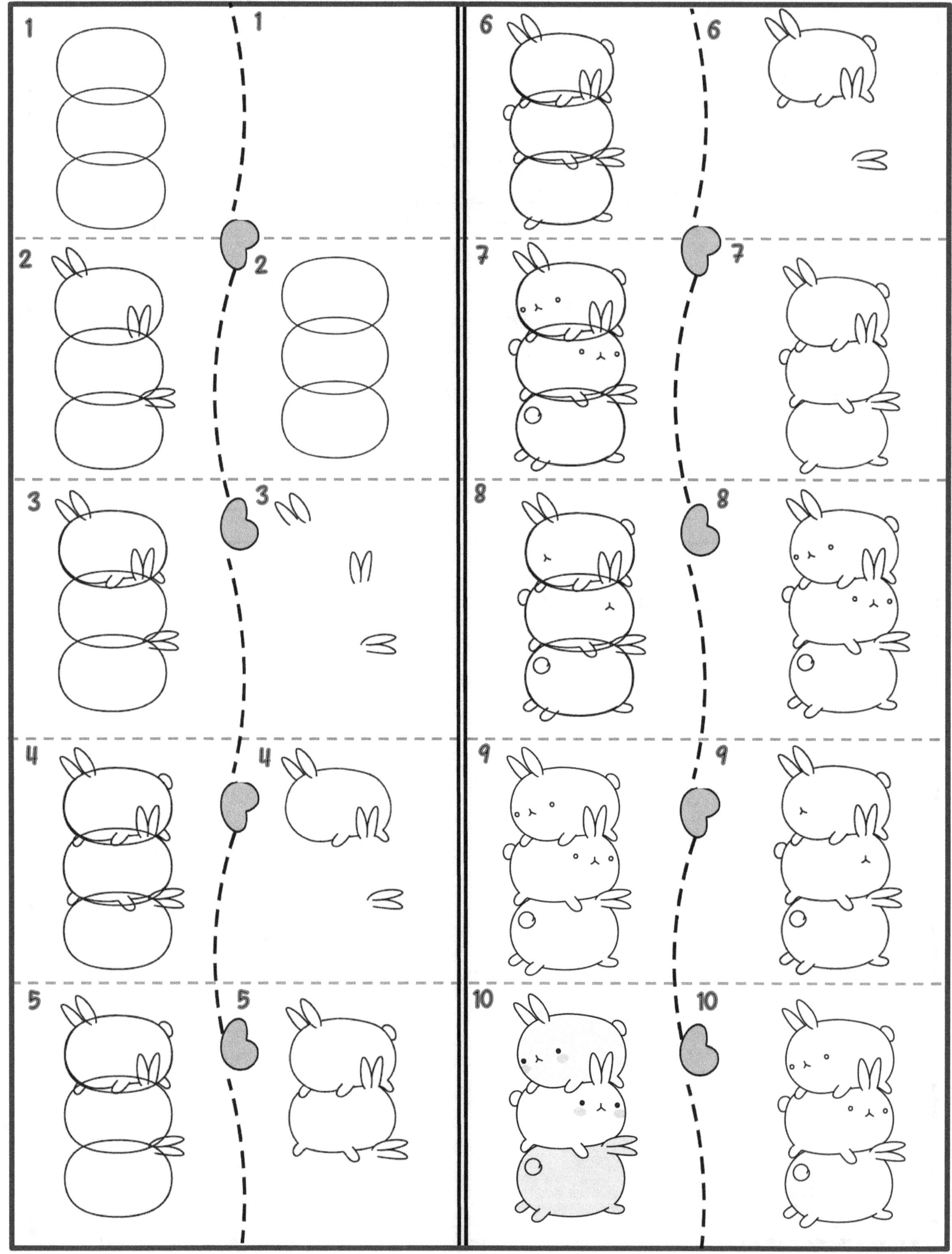

Lass uns malen : ....

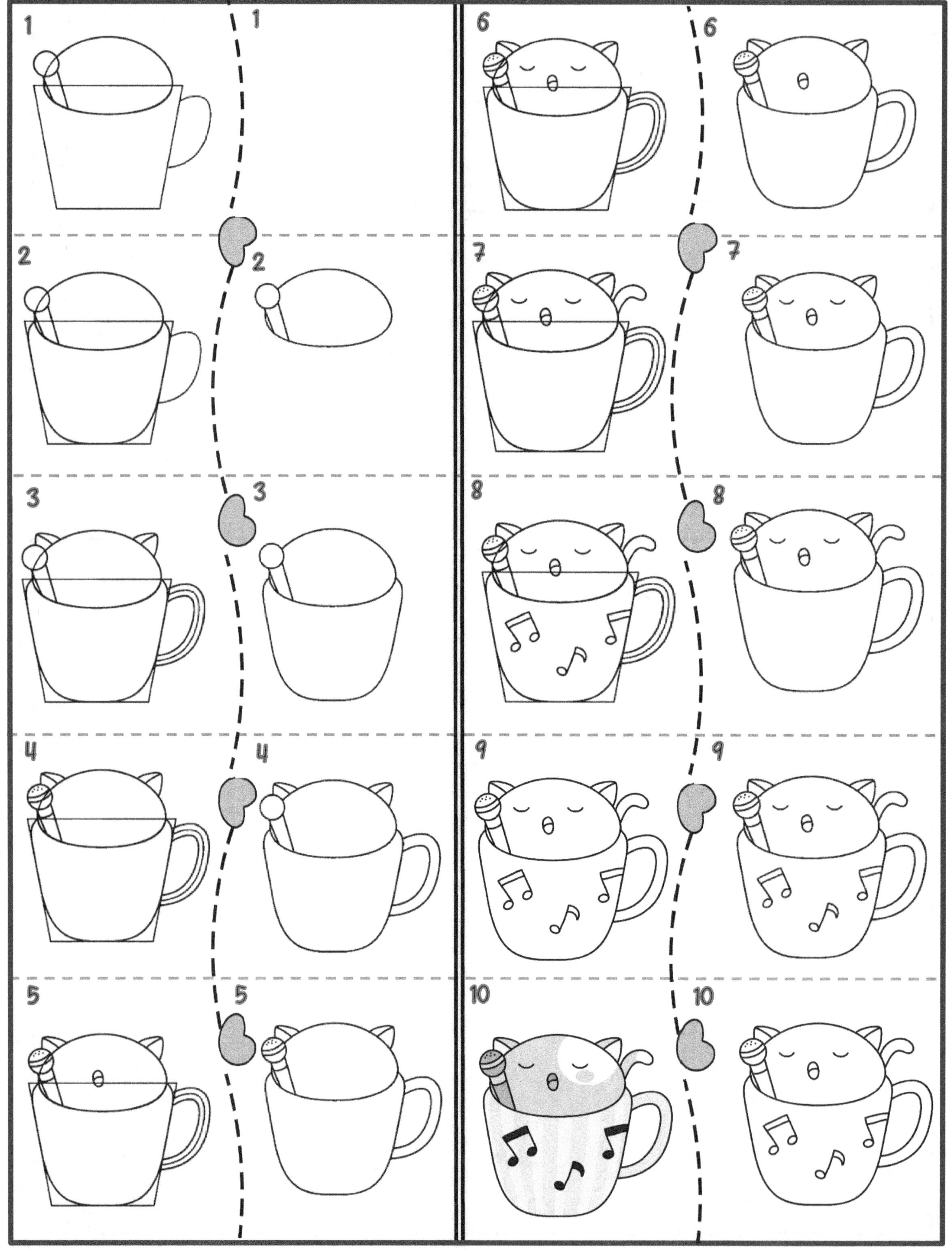

Lass uns malen : ....

Lass uns malen : ....

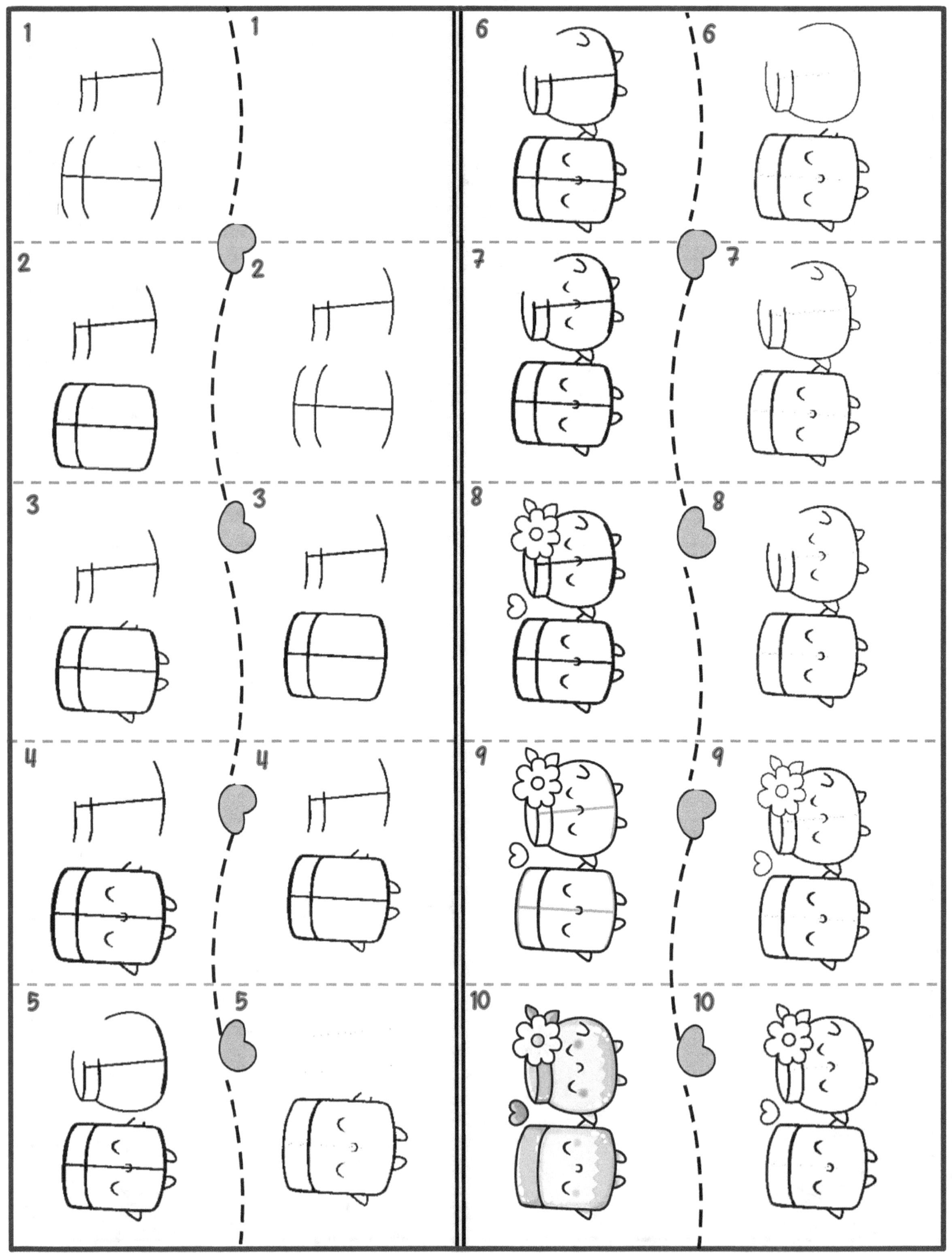

Lass uns malen : ....

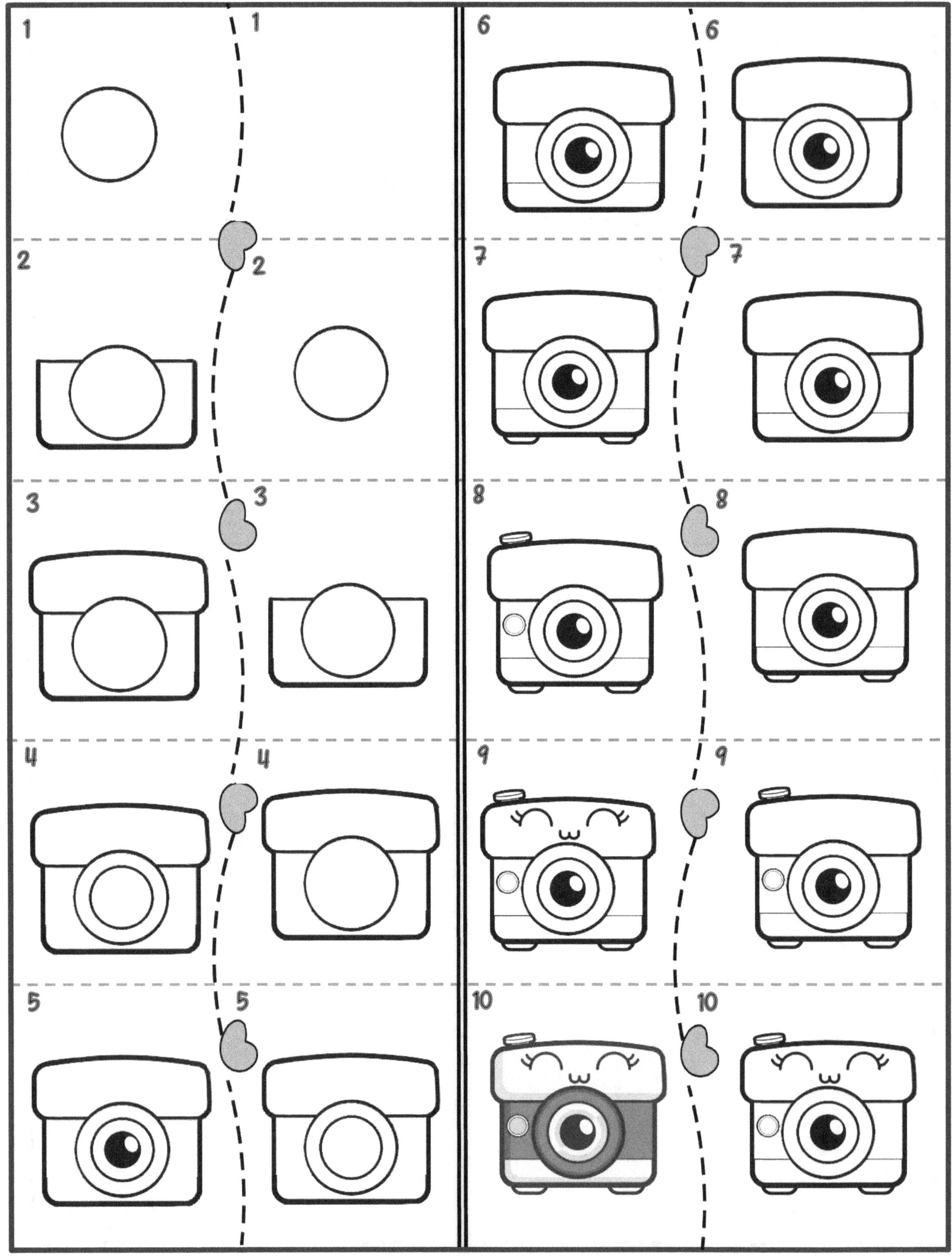

Lass uns malen : ....

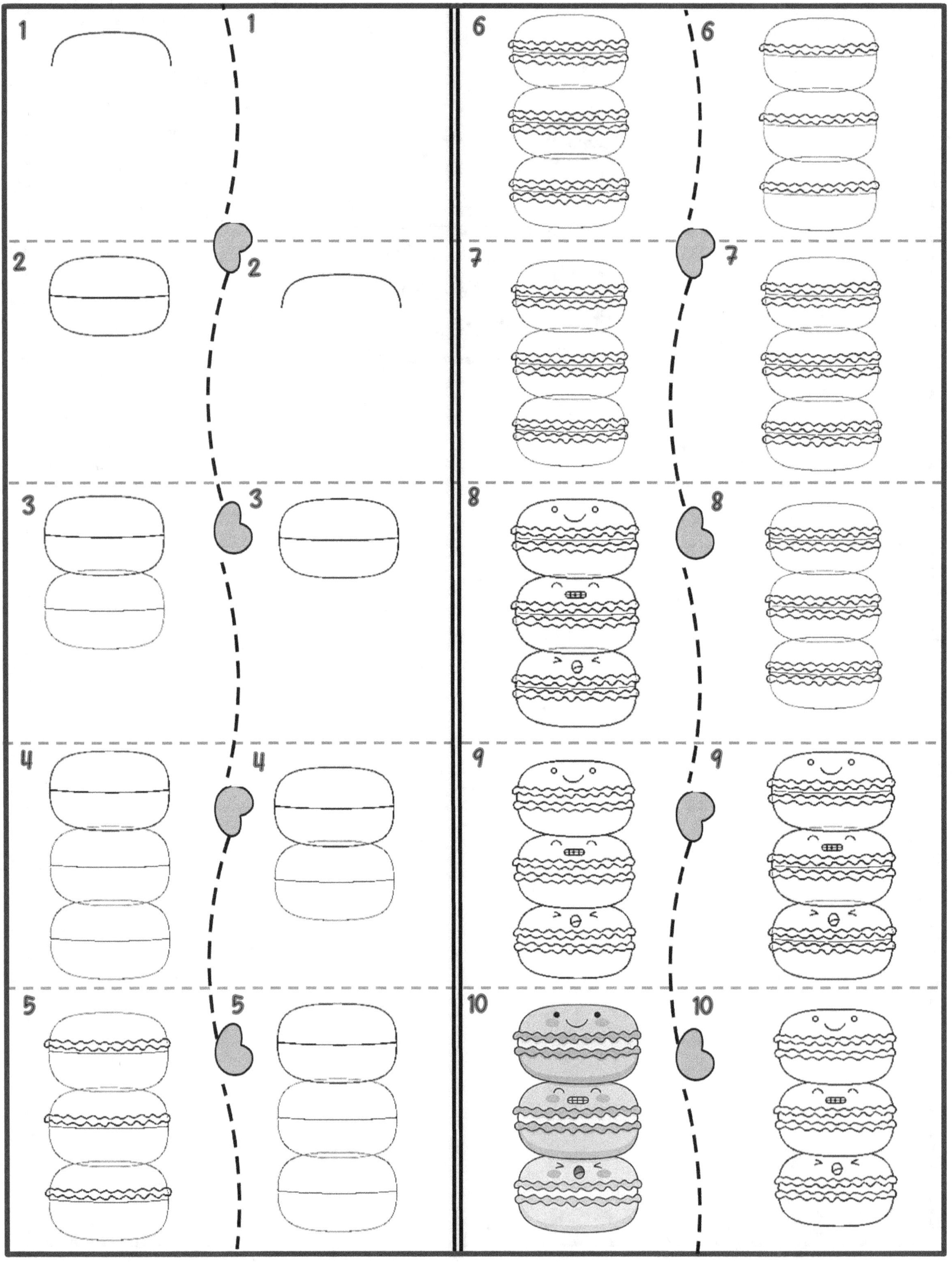

Lass uns malen : ....

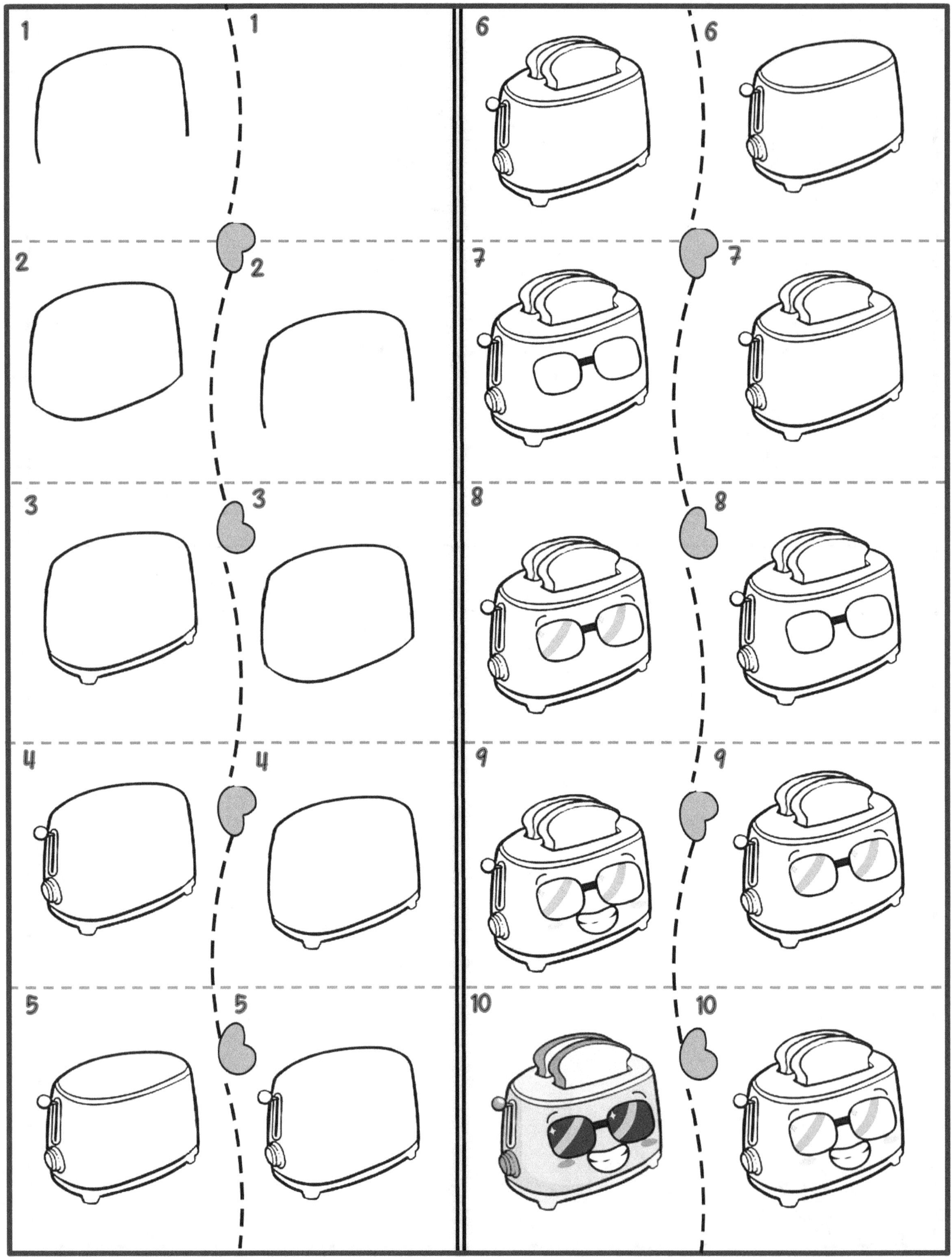

1
1
2
2
3
3
4
4
5
5
6
6
7
7
8
8
9
9
10
10

Lass uns malen : ....

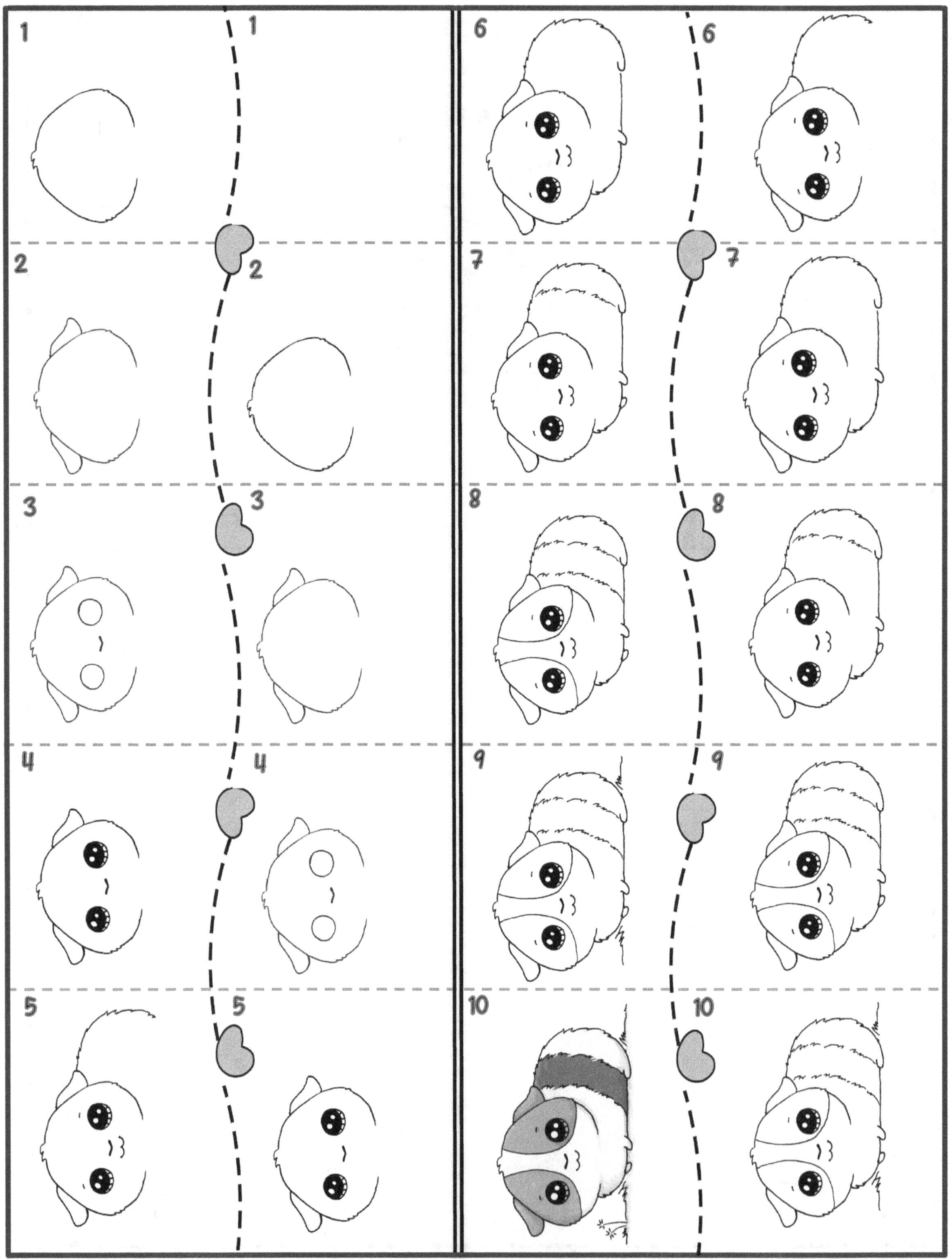

Lass uns malen : ....

Lass uns malen : ....

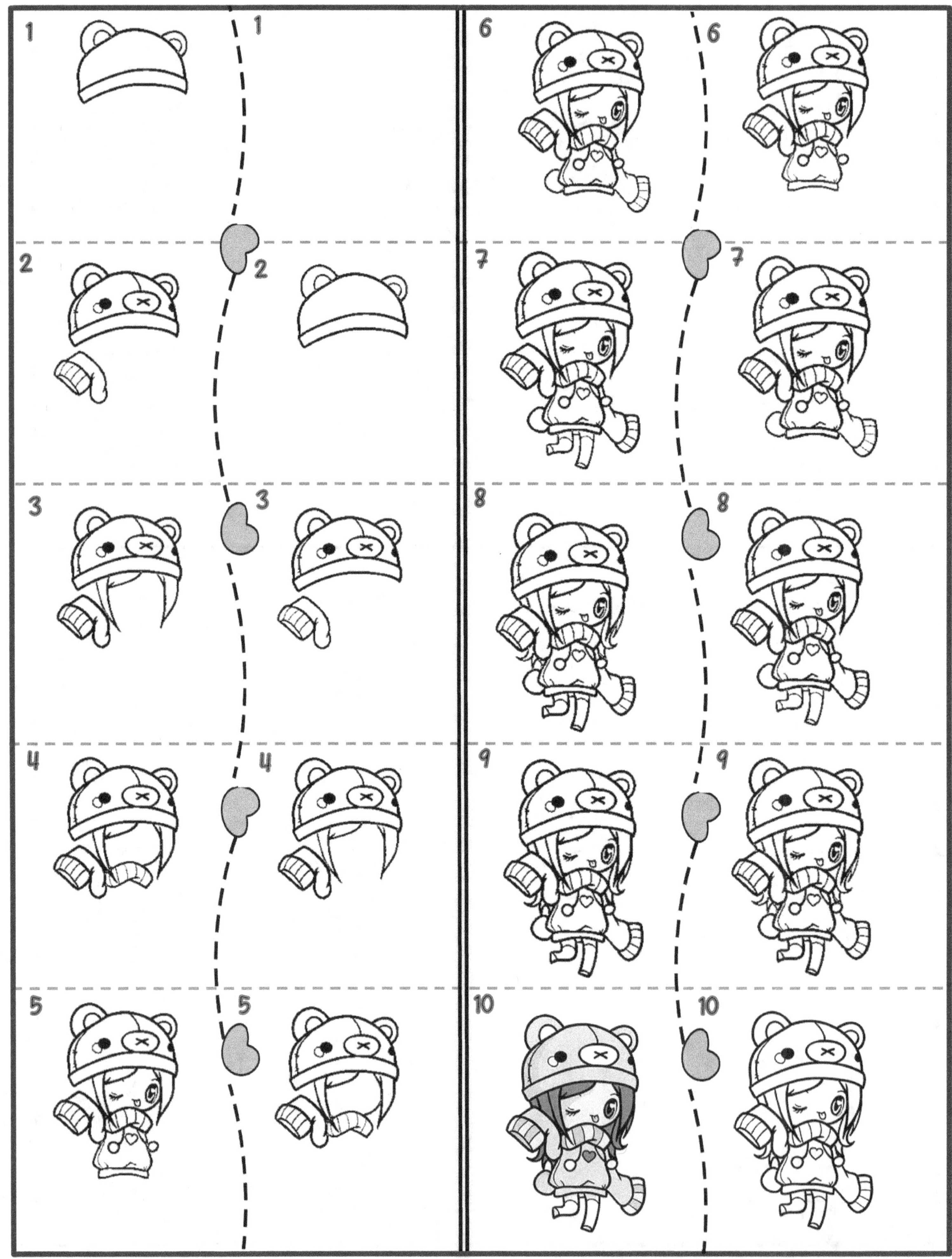

Lass uns malen : ....

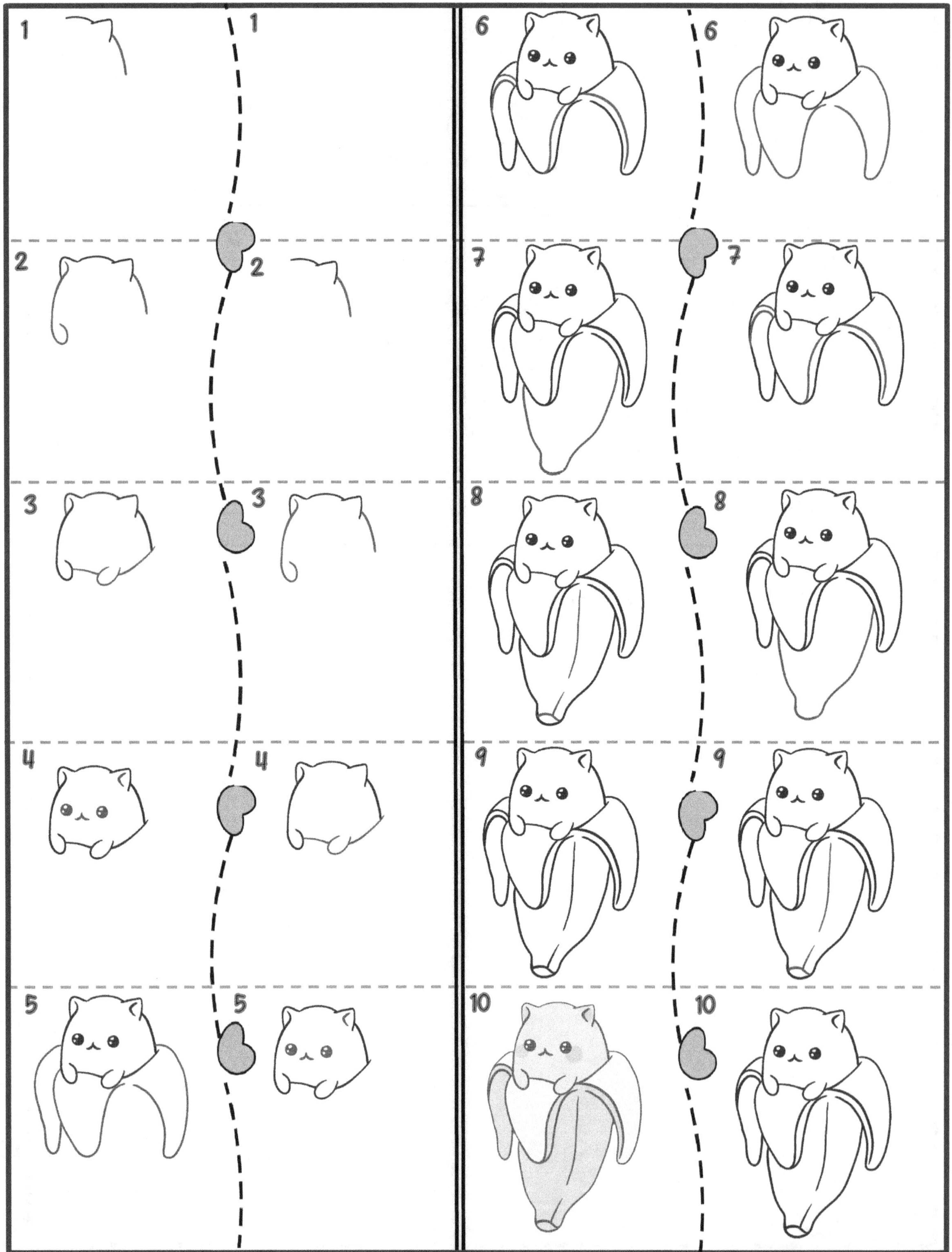

Lass uns malen : ....

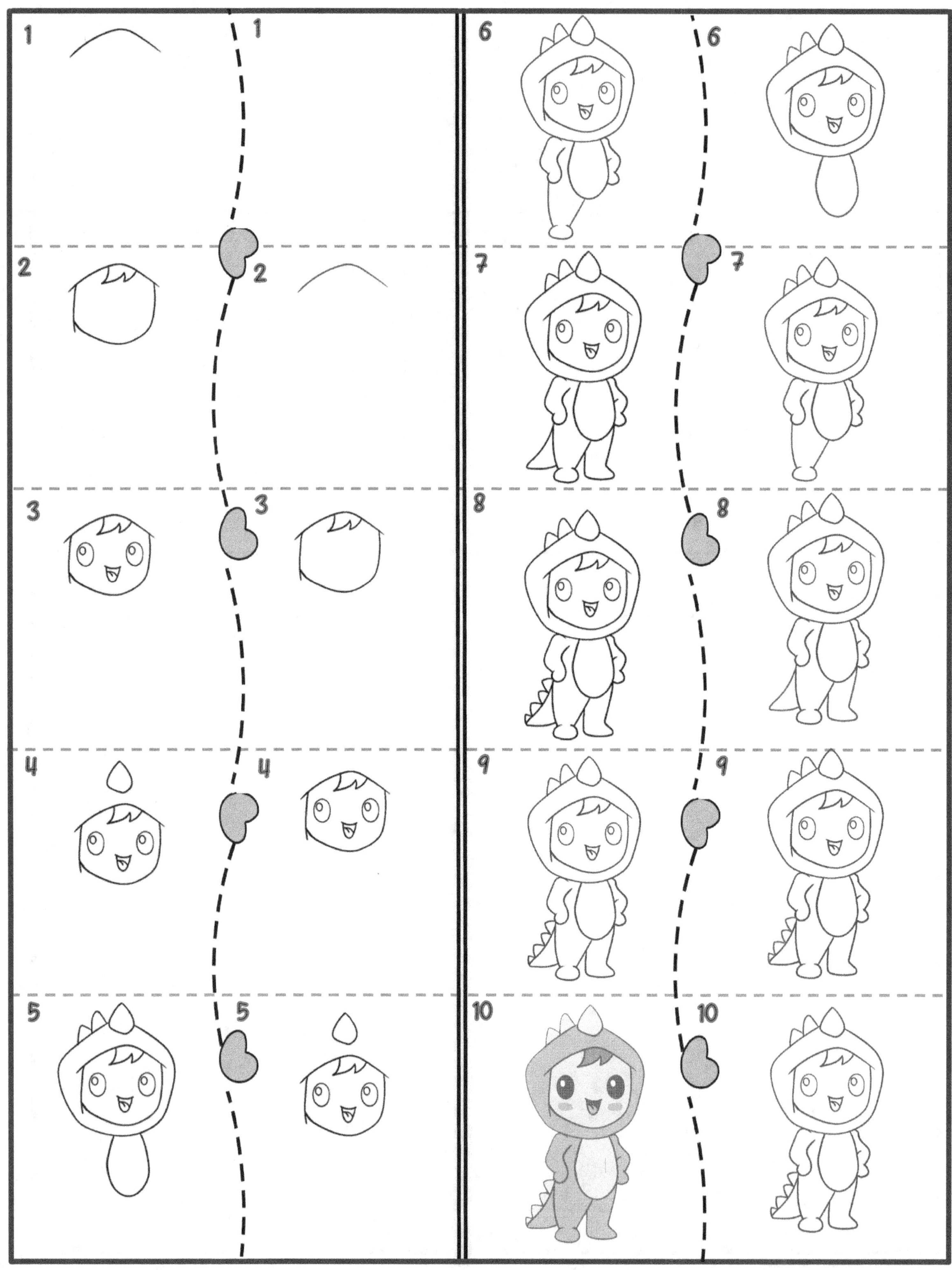

Lass uns malen : ....

Lass uns malen : ....

Lass uns malen : ....

Lass uns malen : ....

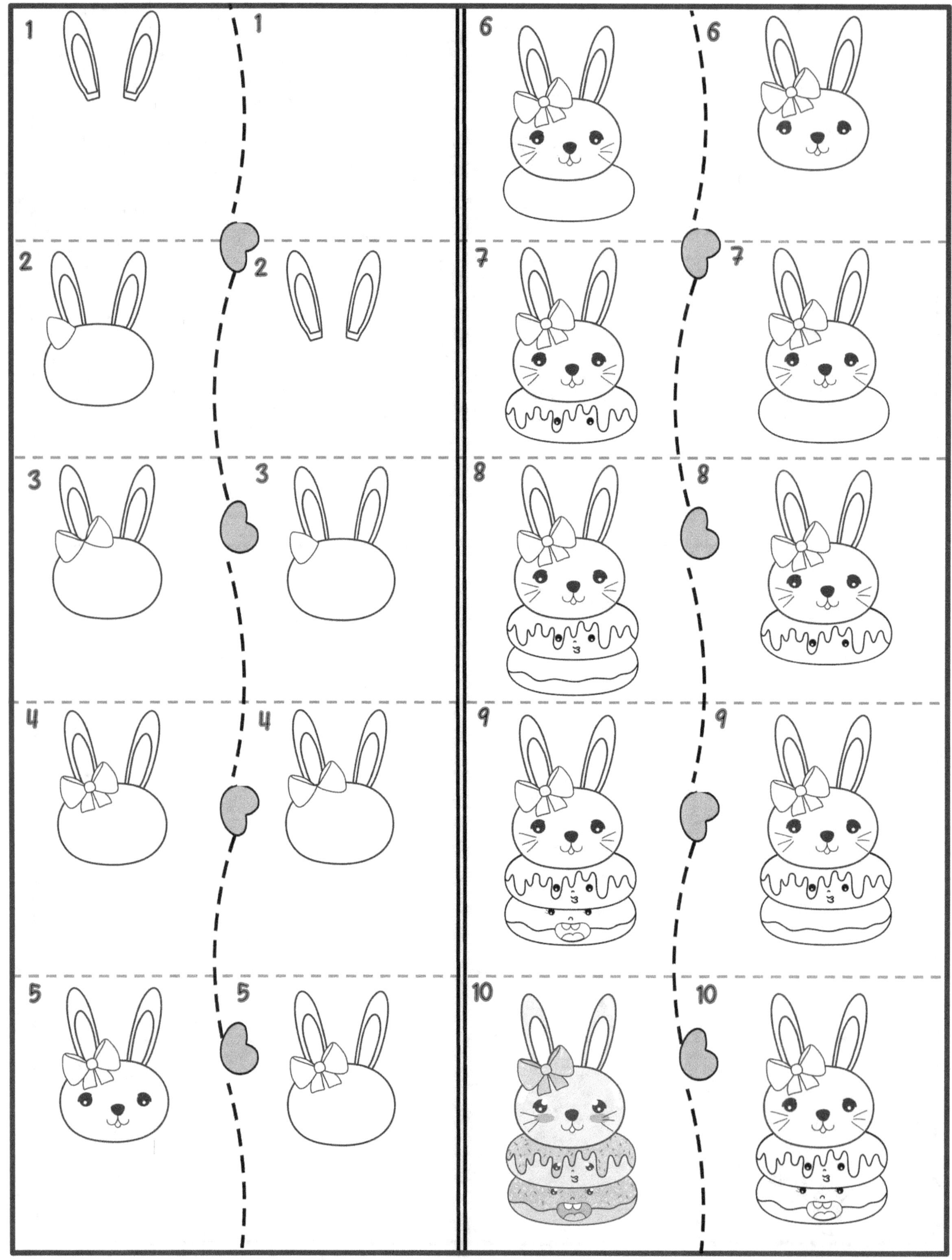

1
1
2
2
3
3
4
4
5
5
6
6
7
7
8
8
9
9
10
10
3
3
3
3

Lass uns malen : ....

Vielen Dank, dass Sie sich fr dieses Buch entschieden haben. Wir hoffen, dass Ihnen jede Seite dieses Buches gefallen hat und Sie Schritt fr Schritt gelernt haben, wie Sie zeichnen und Ihre eigene Kunst schaffen.